辩坛回声

刑事案件成功辩护实录

江清汉 编著

中国法制出版社
CHINA LEGAL PUBLISHING HOUSE

序

江清汉先生是一位有真本事的法律前辈，诸多成功辩护案例傲视业界群雄，其经历和见证着中国改革开放以来的法律风雨路。他是一个在职业上有操守、在精神上有高度的人。

认识先生十余年，长我二十多岁，先生盛情邀请我为其三十多年刑辩总结之大作写序，一个晚辈本无资质，才疏学浅，底蕴羸弱，却几番推辞不得，作为他忘年之交的朋友斗胆借此抖几句心里话：相识以工作，相交以思想，相投以志趣，相得以尊重，可谓伯牙子期之交也。

人要精神强健，精神从何而来，在于强健人格的养成，但何其稀少，何其珍贵，处变局中而沉静应对之，找寻生命的原动力，不失体面与道义。在这个世界，法律过程或司法程序特别能穿透社会的面纱直击人情、人性及社会，但真正的法律人在直面世界的灰暗时仍葆有一颗向善向阳之心，一种精神自主自立自由之态。人一旦吃饱喝足之后，莫名地就有了些精神追求，一种超越生存，展现旺盛生命意义的想象。法律界的“吃饭门槛”也越来越高，忙碌与奔波是常态，哪有空闲去寄存心灵，找回真我，但是生命意义就是物化生活、拜金世界吗？江先生是具有精神追求和思想富足的人。他享受于其精神追求，亦满足于其思想富足的刑辩之乐，更爱惜其羽毛，知有所为有所不为。江先生始终保持着法律家的时代清醒，冷眼看法，暖心向阳，大势了然于胸。

人要言行合一，有人说得好听，但行不见踪，思不绕魂，必然成不了大器，那些人是当不好让人放心的法律人的。江先生从业三十四年，从“学徒”干到“大状”，是不是一个靠谱的法律从业者，作为仰慕者的我说了不算，要去问问那些被他帮助过、拯救过的灵魂，包括一些用世俗眼光来看是“坏人”的好人，但错恶之间有道德偏好，有时用善恶评判则可能导致浅薄与无知，然而他们口中的江先生才是最真实、最可敬的。初识江先生是个大热天，我与同事散步，只见一位西装笔挺、领带飘飘、皮鞋锃亮、发型不乱、拎着大包案卷的长者穿门而入，其身形轻健，自信睿智，令人侧目，经打听得知正是江清汉律师。有专注之心者，不为外在所扰，心定而成，专注于事，钻研法条，繁难之案总有破解之法，具备了办好案的主观条件和先在基础。有了专业眼光和专注精神，是否就能使大要案成功问世呢？那可不一定，还必须有开明懂法讲理的法律合作者：好警官、好检察官、好法官等缺一不可。优秀的刑事辩护不是独角戏，更不是撞大运凭风水，依靠的永远是良法善治、守法遵矩的法治生态。后来工作中，我与江先生有交集互动，他一丝不苟的职业精神让人佩服：从不迟到、从不装大、从不敷衍，专业执着承载着当事人的信任，甚至赢得对手的尊重，比如诉讼文书电子版总是提前发到书记员邮箱，诉讼过程从容有度，诚信有德，义在利前。

世界变化快，国家稳中进，民族奋而起，外在的波谲云诡不应撼动法律人的良知与感动，内在的恬淡安逸不应抹平法律人的倔强与进取。

愿风雨同舟，风雪同行。

吉　木

篇前心语

屈指算来，我从事律师工作已有三十四个年头了，过往生命的大半时间，都在律师工作的道路上风雨兼程。一路走来，有艰辛，有困惑，有挫折，当然也有成功的欣慰和喜悦。

有人说，能够把兴趣和职业结合到一起的人是幸福的，我很赞同这样的说法。我喜爱思辨和论辩，律师工作正需要思辨和论辩，恰好，我的职业就是律师。这样看来，我可以说是一个幸福的人。

律师是社会法律工作者，社会生活纷繁复杂，法律门类林林总总，一个人无论其才学怎样八斗五车，也不可能万事皆通。所以，律师总是会选择其偏爱的领域。作为一门职业，民商法方向的律师业务领域更广泛，因而自然会得到律师们更多的关注，也自然会成为律师们选择职业方向的热点。而在刑事方向真心愿意为之倾注毕生心血的刑事辩护律师，可能并不多。

我偏爱刑事辩护。

倒不是因为我收入颇丰，只要温饱无虞，我没有太多的物质欲望。刑事辩护工作的结果，关系的是人的尊严、人的自由，甚至人的生命，我觉得，人的这些权利，当然比钱更重要。帮助当事人伸张这些权利，争取这些权利，维护这些权利，比赚到很多的钱更让我有职业幸福感。

初入律师这一行业时，在代理的刑事辩护案件开庭前一晚，我会兴奋得彻夜难眠，这是新兵初上战场的紧张使然。奇怪的是，直到今天，在代理的刑事辩护案件开庭前一晚，我仍然会兴奋得彻夜难眠，当然，这已不是新兵初上战场的紧张，法庭早已是我最熟悉的场所，我对辩护策略、辩护方案、辩护路径已有深思熟虑的规划，只是急切地期待开庭的法槌敲响，在法庭上提出我的观点、主张，以及证明这些观点和主张的理由，就像一道数学难题我已验算过很多遍，满心期待交卷后老师给出满分的评价。

除了热爱，我无法做出别的解释。

因为热爱，才会全身心地投入；因为全身心地投入，才会总有令人振奋的发现。一个又一个成功的辩护案例，载入了我的职业历史。

有法律界朋友建议我，你办成了那么多辩护案，为什么不把这些案子的辩护过程整理出来？如果能够给年轻律师以启发，该是件多么好的事情啊！我觉得这个提议很好，于是，我把从业以来经办的具有典型意义的成功辩护案件材料汇总起来，整理成册。案例所涉人物、司法机关及司法文书的文号等信息已作了必要的隐名处理，但其中的辩护词部分，真实记录了我对所办案件的辩护观点、辩护思路、辩护理由以及我对所持辩护观点的论证过程，都是当年我在法庭上发表的辩护文稿，但愿这些案件成功辩护的心得能够给同业后人一些有益的启发。

本书所记录的案例，有一部分有我的同事参与合办，提供协助。这些同事是：杨志民、邵平、李俊、占彦群、江逸群、黄萱、胡通海、江少华。在此，对他们的帮助致以诚挚的谢意！

刑事诉讼好像一幕话剧，要有不同的角色共同努力才能好戏连台。公诉人、辩护人或攻或守，法官居中裁判，控辩双方都希望自己的观点能够得到法庭的采纳，因此，激烈对抗在所难免。感谢我的对手，那些才思敏捷、雄辩滔滔而又风度翩翩的公诉人，是他们激励着我认真再认真，细致再细致，深入再深入，竭尽所能追求完美。

法庭是司法公正的象征，我的辩护意见能得到法庭的认同和采纳，一方面说明我努力论证的结果是正确的，另一方面也证明了司法公正的天平得到了法官们的倾力守护。我知道，为了守护司法公正的天平，法官们可能会承受来自方方面面的压力，我懂得司法公正得来不易，因此，我总会对满脸严肃端坐审判台的法官们心生敬意。

本书渐成雏形的时候，我想邀请最高人民法院应用法学研究所博士后吉木先生为之作序，得到先生的热情应允，让我非常感动。在此一并敬致谢忱！

那些曾让我或沉思、或困惑、或欣喜、或激情勃发的案件，时时会在我的脑海里涌现出来，即使是在梦里，也常常梦见自己在法庭上慷慨陈词，那抑扬顿挫的声音，仿佛还在庄严的法庭上久久地回荡。于是，我将本书命名为《辩坛回声》。

2021年12月4日（国家宪法日），江西省律师协会首次为光荣执业三十年以上的律师颁发荣誉奖章奖牌，我非常荣幸地作为景德镇市律师的代表到省会南昌市参加颁奖大会。其时，我已执业满三十三年。回顾充满艰辛又给我无限快乐的律师执业之路，我感慨万千，为此曾作七律一首，权作本书的开篇词：

律师执业三十三年记

依稀往事渐如烟，
每抚征袍忆旧年。
慷慨陈词扶正义，
激昂论辩有雄篇。
寒星常伴孤灯亮，
残月时窥伏案眠。
休问廉颇能上马，
征途万里再扬鞭。

江清汉
二〇二三年仲秋于中国瓷都景德镇

目　录

Contents

1

如何提高刑事辩护的成功率

从事律师工作以来，我的职业兴趣主要放在刑事辩护上面，甘苦自知。令人欣慰的是，三十余年执业，数十例刑事辩护的成功案例载入我的职业历史。成功带给我的快乐，无与伦比。和大家分享执业心得，自然也是一件非常快乐的事情。

在这里，就如何提高刑事辩护成功率的相关问题谈几点个人看法。

一、充分认识刑事辩护在律师业务中的地位

《中华人民共和国律师法》第二条第二款规定，律师的职责和使命，就是“维护当事人合法权益，维护法律正确实施，维护社会公平和正义”。“合法权益”是一个内容极为广泛的普遍概念，在民法领域，“法无所禁即为权利”。具体而言，公民、法人和非法人组织的权利所及，涵盖社会生活的方方面面；抽象观之，“合法权益”不外乎财产权和人身权。权利是有层级差别的，也就是说，根据权利对于权利主体的价值或影响，权利有轻重大小之分。一般来说，人身权大于财产权，而在人身权中，自由权大于人格权，生命权又大于其他一切权利。这很好理解：没有自由，财产就是窗外春色；没有生命，世界将会一片死寂。人的生命权、自由权，是人的一切其他权利的基础。以维护当事人生命权、自由权为己任的辩护律师，其劳动成果无疑具有更高的权利价值。

刑事辩护，庄严而崇高。成功的刑事辩护，可以给律师充分的职业满足感、洋溢的职业幸福感、崇高的职业尊荣感。这种崇高的职业尊荣感，激励着一代又一代律师为刑事辩护事业倾注其毕生的心血。

二、优秀刑事辩护律师应具备的职业素养

刑事辩护是律师工作的高境界，当然也对律师的职业素养提出高要求。概言之，可以将其分为互为表里的两个方面：气质素养和技能素养。

（一）气质素养

气质素养是精神素养，一个优秀的刑事辩护律师，应该在其骨子里有学者之风，君子之度。辩护律师的人格塑造，以下这些方面大概是不能缺少的：

1. 正直坦荡。律师是崇高使命的践行者，自应坦坦荡荡，仗义执言。胸有凛然正气者，言必信，行必果，敬其人必敬其言，其辩护意见采纳率高，实属当然。

2. 悲悯之心。慈悲同情之心是一种高贵的品德。曾为县令的扬州八怪之郑燮（郑板桥）为其画作《墨竹》题诗云：“衙斋卧听萧萧竹，疑是民间疾苦声。些小吾曹州县吏，一枝一叶总关情”，就是这种悲悯情怀的艺术化体现。郑燮为官多有善政，民间疾苦尽在心头无疑是其情感基础。辩护律师是犯罪嫌疑人、被告人的代言人，当然也要常怀悲悯之心，对合法权利被剥夺的当事人的苦难感同身受。这样，你就不会认为当事人的权利事不关己而麻木冷漠，你就会有奔涌的内心冲动和不竭的工作激情，这正是辩护律师排难而进、佳作迭出的动力源泉。

3. 怀疑精神。一个优秀的刑事辩护律师，永远要保持这种职业特有的敏感，无论什么案子，总要以怀疑的眼光去审视它：我的委托人构成犯罪吗？构成的是这种罪吗？他的罪行有这么严重吗？任何时候都不能缺少怀疑的勇气，并穷尽一切合法的手段去证明自己的合理怀疑。所谓“大胆假设，小心求证”，胡适先生的这一治学格言，应当成为辩护律师的座右铭。

4. 义在利先。辩护律师的工作成果关乎无价的生命和自由，也会直接或间接影响委托人的财产利益。付出艰辛的劳动，获取合理的报酬，天经地义。但万不可将刑事辩护商业化、庸俗化，以收费的高低决定工作投入的多少，更不可多收费少办事，甚至只收费不办事。

（二）技能素养

刑事辩护是一项精细的“专业技术活”，辩护律师既要有扎实的理论功底，又要有丰富的实践经验，职业要求极高。那么，辩护律师应怎样提高职业技能素养，使自己的辩护水平达到一个较高的专业境界呢？可以从以下几个方面入手：

1. 视野开阔，广收博采

辩证法告诉我们，世界上的事物无不以相互联系的状态存在着，任何科学都不是孤立的，任何学科都不会没有交叉学科、关联学科以及边缘学科。人要身体强健，须营养齐全，同理，律师要有高超的辩护技能，也必须要有广博的知识储备。

法学是社会科学中的应用科学，社会科学中的基础性学科是法学赖以建立的基本条件。哲学、经济、逻辑学、文学、历史、语言学，都是律师必须花大力气学好的基础课。同时，律师要保持一颗童心，对万千变化的外部世界有一探究竟的兴趣，举凡天文地理、风土人情，无不入眼入心。有了丰厚的知识储备，法庭上的辩护自然可以左右逢源，举重若轻。

陆游的儿子也想成为像父亲一样的诗人，求教于陆游，陆游并未教其诗词格律平仄对仗，而是作诗以传心得："汝果欲学诗，工夫在诗外。"这样的经验，同样适用于辩护律师：你若欲善辩，功夫在法外。

2. 法理基础，融会贯通

法律是昭告于天下的行为规则，条文字面之意，凡识字者都能读出几分。作为专业法律工作者的律师，理解法律的文面之意自然没有太大的差别。谁能登其巅峰，成其翘楚？当然是法理基础深厚之人，所谓楼层越高，基础越深，同此一理。

法学理论是一门体系庞大、结构严谨的科学，潜心研读法理著作是打牢法理基础的不二门路，没有捷径可走。经国家教育主管部门审定的法学教材，是公认一流法学大家集体思想、集体智慧的成果和结晶，应当精读、深读、反复读，厚书读薄，薄书读厚。只有法律原理烂熟于心，才能在实践运用时得心应手。现有部分律师过分依赖网络信息或网络文章，遇到问题就是“搜索一下”，并将搜索结果直接援用为辩护观点的依据，其实这种省力气、抄近路的方法是不可取的。网络信息的特点是开放自由，但也因其往往是一家之言，故难免有失偏颇甚至错误，即使有可取之处，也是支离破碎的片段。

老子在《道德经》中说：“道生一，一生二，二生三，三生万物。”刑法学基础理论关于犯罪和刑罚的研究成果，高度融汇在刑法典的总则之中。无论是学习刑法学理论，还是研读刑法典条文，都应当在总则部分投入更多的时间和精力。刑法学基础理论、基本原则就是已被司法实践证明的“道”，在刑法学基础理论、基本原则的指引下理解刑事立法，在刑法总则的指导下理解刑法分则的具体规定，可得纲举目张、事半功倍之效。

法学理论功底深浅不同，辩护律师专业境界有别。功底浅者，常被芜杂交错的案情所困扰而难得要领，其境界，恰似苏轼《题西林壁》诗句所言：“不识庐山真面目，只缘身在此山中。”功底深者，无论案情如何山重水复，也能删繁就简一语破的，其境界，正如王安石《登飞来峰》所说：“不畏浮云遮望眼，只缘身在最高层。”我们期望达到的境界，当然是后者。

如果一个辩护律师的气质素养和技能素养都能达到很高的境界，要想不成为老百姓心目中的名律师、大律师，恐怕也是很难做到的。

2

简约，辩护之美

——辩护词写作的一点心得

在很多老百姓眼里，律师就是辩护律师。法庭上，引经据典，雄辩滔滔，使人油然而生敬意，自在情理。可见，高超的辩护技巧对律师职业形象的塑造有着多么重要的作用。

以职业眼光看，辩护就是说理。律师的辩护，是说给当事人听，说给旁听公众听，说给作为对手的公诉人听，更重要的是，说给作为案件裁判者的法官听。律师辩护的最高价值，在于将律师的个人意见通过法官的采纳而转化为法庭的裁判观点，继而以人民法院的裁判形式将其上升为国家意志，从而以不可撼动的权威维护法律的正确实施，维护当事人的合法权益。

说理是一门艺术。凡艺术，都有两大基本功能，其一，传情达意；其二，予人美感。中国文化，艺术尚简。国粹京剧，三五人千军万马，七八步万水千山；国画水墨，竹摇秋风三笔墨，梅傲冬雪五点朱。简约之至，而韵味无穷。作为说理艺术的辩护，若也能理通文简，则必为人所乐见、人所乐闻。

我们常见有才情横溢的辩护人，下笔洋洋万言，开口一泻千里，举凡法律规定、司法解释、学理著作、类同案例……旁征博引，包罗无遗，唯恐漏之万一，就像一个追求极致真实的工笔画家，觉得不把飞虫脚上的每一根细毛都描画得纤毫毕现就不算佳作。这种看似万般周全滴水不漏的辩护，实务中却鲜有奏效，究其原因，其实是有价值的思想、观点都被长文给掩盖了，指望审判工作繁重的法官、检察官沙里筛金，难！

我以为，好的辩护，应该是简约的。

简约不是简单。好的辩护，简洁、洗练、辞约而义丰，恰似佳茗一盏，令人目明神清。

医家有谚："药对路一瓢汤，药不对路一水缸。"这对路的一瓢汤，得来当是不易，之前，必有广采之、精选之、慢熬之。如此过程，正与辩护同理。好的辩护不会凭空产生，精彩之前必有艰苦过程。律师必须细察案情事实，精研法规法理，掰开揉碎，细嚼慢咽，经过一番"去粗取精，去伪存真，由此及彼，由表及里"的深思熟虑，方能行之于笔端，诵之于口头，以收药到病除、言出疑释之效。

口若悬河易，一语中的难。正因其难，简约的辩护也就有其独特的魅力和美感。扬州八怪之郑板桥自题书斋联云："删繁就简三秋树，领异标新二月花。"即是对简约之美的最好诠释，这种境界，应当成为我们追求的目标。

3

是谁说的

——彭某被控抢劫罪案

【基本案情】[①]

某市发生一起致人重伤的持刀入室抢劫共同犯罪案，公安机关经侦查抓获犯罪嫌疑人六名，人民检察院以该六人均构成抢劫罪提起公诉，某区人民法院一审认定全部被告人抢劫罪名成立，被告张某被判处有期徒刑十三年；被告彭某被判处有期徒刑十年；其余四被告人分别被判处三年以上十年以下有期徒刑。宣判后，除彭某不服判决提起上诉外，其余五被告人均服判不上诉。

【案件经过】

某市中级人民法院认为，本案被告人被控抢劫犯罪情节严重，属依法可能判处无期徒刑以上刑罚的案件，基层人民法院没有级别管辖权，遂撤销一审判决，将本案提为中级人民法院一审。

---

① 本书案例的内容均为笔者对所经办案件的整理、归纳和总结，仅为说明法律问题。案例所涉当事人等信息已作了必要的隐名处理。

改变一审管辖后，彭某委托我担任其辩护人。

通过查阅案卷，会见被告人，我了解到，直接实施入室抢劫的是除彭某以外的五名被告人，彭某之所以涉案，是该五人一致供述彭某是该案的犯意提起者和策划者。某区人民法院认定彭某提起犯意，确定犯罪对象，指引犯罪现场，系共同犯罪的主犯。其被认定的大致情节是：彭某了解到被害人家境殷实，地处偏僻，提议同案人共同前去抢劫，实施犯罪前，又带领同案五人认识被害人家位置，待五人奔被害人家而去后再折返离去。

犯罪嫌疑人（被告人）的供述和辩解属人言证据，主观性强，易受其他因素影响而背离客观真实，认定彭某参与抢劫犯罪的证据，就只有张某等五名被告人的口供，尽管五人口供能够相互印证，那也是“只有被告人的口供而没有其他证据”，我不能不对其真实性产生强烈的怀疑。

会见被告人时，彭某告诉我：“我根本没有参加抢劫，也不知道他们抢劫的事。我和张某认识，是某县老乡，但并不认识非某县籍的其他同案人。我以理发营生，张某无固定职业，常来我这借钱，碍于情面我每次会借给他几十元，后来次数越来越多，我自己赚钱也不容易，就拒绝了他的要求，因此得罪了张某，他曾当面对我说要让我‘好看’。张某串通同案人咬定我策划抢劫犯罪，一是要报复我，二是想减轻自己的罪责。”

我注意到案件中有两个细节：第一，除张某外的四名同案人都说是亲耳听到彭某与张某商议抢劫，然后被张某邀请参与作案；

第二，彭某与张某商议抢劫时说的是“老乡话”，也就是某县方言。

南方方言“五里不同音”，某县方言在域外环境很难被人听懂，巧的是，我家有一某县亲戚，两家人关系亲密来往频繁，因此我能听懂某县方言。

根据以上情况，我设计了以下辩护方案：

第一，开庭前，要求彭某熟记被指控的情节并默诵在心；第二，法庭调查时，按出庭受审顺序对同案人逐个发问，固定其口供，并借此加深合议庭法官对“亲耳听到”和“方言商议”两个关键要素的印象；第三，请求法庭传六名被告人同时到庭，当面对质以辨明真伪。

法庭调查接近尾声时，戏剧性的一幕出现了。应我的请求，审判长传六名被告人同时到庭，经审判长许可，我提出这样的质证方式：令被告人张某保持沉默，由彭某用某县方言说出一段话，依次询问被告人，让其复述彭某所说方言的内容。彭某当庭说出一段话后，张某急得满脸通红，嘴里轻声咕噜着想要提示其他同案人，我及时请求审判长予以制止。然后问下一个被告人：你知道彭某说的是什么吗？回应是摇头。如此重复到最后一名同案人，没有人能听懂对他们来说犹如外星人语言的某县方言。这段话的内容，就是起诉书认定的彭某涉案事实情节：“我知道有一户人家很有钱，我们可以去那里搞点钱。”

案件的处理结果在我的意料之中：原被判处有期徒刑十三年

的张某被判处无期徒刑，其余被告人的有期徒刑刑期各有增加，彭某被宣告无罪。案件宣判后，在法定上诉、抗诉期限内既无上诉亦无抗诉，一审判决发生法律效力。

4

抢了谁的钱

——余某二被控抢劫罪案

【基本案情】

余某一，以贩菜为生；余某二，系余某一之胞弟，因盗窃被处以劳动教养①，本案案发前一星期刚被解除劳动教养，无业。

1993 年 10 月 7 日 19 时许，余某一与同伴李某在某县轮渡口拦下某村司机刘某开的汽车，要刘某帮其运一车辣椒到甲市，双方商议好运费为 450 元，装车时李某付给刘某 150 元，途中余某一付给刘某 300 元。次日 1 时许，刘某将辣椒运到甲市蔬菜批发市场，余某一便回家叫余某二发货并告诉余某二“运费 450 元太高，找司机要回 300 元”。二人来到批发市场后，余某一给余某二指认刘某是司机，余某二便上前抓住刘某的颈部，要刘某拿回 300 元。刘某不肯，余某二便朝刘某的腹部打了一拳（后经鉴定致刘某轻微伤），刘某无奈只好将 300 元交给余某二，余某二将抢回的

① 2013 年 12 月 28 日《全国人民代表大会常务委员会关于废止有关劳动教养法律规定的决定》规定，废止劳动教养制度。

300 元交给了余某一。离开现场后，刘某当即以遭到抢劫为由向公安机关报案，正在发货的余某一、余某二被公安机关出警人员抓获，余某二抢得的 300 元被退回给刘某。

【案件经过】

公安机关以涉嫌抢劫罪对余某一、余某二立案侦查并移送检察机关审查起诉，1994 年 3 月 18 日，某区人民检察院向某区人民法院提起公诉。

起诉书查明认定了前述案情事实并认为：上述犯罪事实，有被抢人报案报告、追缴的赃款及旁证材料为证，二被告人亦供认不讳，证据确凿，应予认定。

综上所述，被告人余某一教唆他人抢劫，被告人余某二因盗窃被劳动教养一年，解除劳动教养后仍不悔改，又采取暴力抢劫他人财物，二被告人之行为已触犯《中华人民共和国刑法》[①]（1979 年）第一百五十条之规定，构成抢劫罪。被告人余某二为再次犯罪，应从重处罚。

案发后，余某二的亲属来律师事务所指名委托我担任余某二的辩护人。

刘某按约定将余某一、李某交运的货物运抵甲市，余某一与李某已付出约定的运费 450 元给刘某，这是事实；余某一叫余某二要回 300 元，余某二使用暴力从刘某手上抢回 300 元，这也是

① 本书案例所依据的法律文件均为裁判当时有效的法律文件，以下不再提示。

事实。放在建立了社会主义市场经济体制的当今，余某一、余某二两人的行为构成抢劫罪是没有疑问的。但是，这个案件发生在三十年以前，那时，市场经济还没有发育成熟，计划经济在国家经济格局中仍居于主导地位，“一切以时间、地点、条件为转移”，在当时，关系国计民生的商品、服务价格由政府定价，交易当事人不得自行突破政府定价标准，货物运输价格即属此类。

接受委托后，我敏锐地意识到，余某一、李某与刘某约定的运费数额是否超过政府定价，是评价余某一、余某二行为是否构成抢劫罪的关键所在。为此，我走访了甲市物价局物价检查所，在那里，我得到了一份“决定委托人命运”的运价文件。对照文件认真核算，刘某依法应得运费不超过 150 元，也就是说，余某二抢回的 300 元，并不是刘某的财产，其暴力行为侵害的客体，不包含他人财产所有权，不能满足抢劫罪的犯罪构成，因而，余某二的行为不能构成抢劫罪。

1994 年 4 月 8 日，某区人民法院公开开庭审理余某一、余某二被控抢劫罪一案。在法庭上，我发表了以下辩护意见：

审判长、人民陪审员：

被告人余某二因被指控犯有抢劫罪，委托我担任其辩护人。受景德镇市第二律师事务所的指派，我依法出席今天的法庭，为余某二辩护。

《中华人民共和国刑事诉讼法》第二十八条规定：“辩护人的责任是根据事实和法律，提出证明被告人无罪、罪轻或者减轻、免除其刑事责任的材料和意见，维护被告人的合法权益。”为了正确地履行上述法定职责，我进行了充分的庭前准备。根据本案的事实，对照有关法律的规定，我认为，被告人余某二的行为不构成抢劫罪。为切实维护余某二的合法权益，我将为他作无罪辩护。

根据《中华人民共和国刑法》的规定和刑法学理论的阐述，所谓抢劫罪，是指以非法占有为目的，以暴力、胁迫或者其他方法强行将公私财物抢走的行为。从这一定义中，我们可以看出抢劫罪犯罪构成的以下两个特点：

从主观方面说，行为人是直接故意犯罪，并且具有非法占有公私财物的犯罪目的。

从客体上说，抢劫罪的客体是复杂客体，它同时侵犯被害人的人身权利和国家、集体、个人的财产权利。其中，以暴力、胁迫或者其他方法侵犯被害人的人身权利，只是行为人夺取公私财物的犯罪手段，而非法占有国家、集体或者他人的财物，则是行为人的根本目的所在。

在本案中，余某二的行为是不是也具有上面所说的特点呢？我认为是否定的。

第一，余某二主观上不具有非法占有他人财物的目的。

余某二朝司机刘某腹部打了一拳之后，刘某被迫将300元钱交给了余某二，这是事实。但是，余某二为什么要强迫刘某交出300元钱呢？案情事实提示我们，那是有特定原因的。诚如起诉书所述：“余某一告诉余某二‘运费450元太高，找司机要回300

元’”。由此可见，余某二拳打刘某的目的，并不是要非法占有刘某的财物，而是向刘某“要回”其兄及合伙人付出运费中“太高”的部分，这部分本当属于余某一及合伙人所有。这与无端占有他人财物的犯罪故意有着明显、本质的区别，万万不可加以混淆。

第二，余某二客观上没有侵犯他人的财产权利。

如前所述，余某二向刘某要回的，只是已付运费中“太高”的部分。这部分的归属，从客观上决定着本案的性质：如果那300元依法应归刘某所有，则余某二的行为就侵犯了刘某的财产权利；反之，如果那300元依法不应归刘某所有，那么余某二的行为就没有侵犯刘某的财产权利。

本案所涉及的300元，到底应归谁所有呢？带着这个问题，我查阅了有关的规范性文件，对照本案案情，我得出的结论是：刘某交出的300元，依法不归刘某所有，余某二要回交给余某一，应属物归原主。

李某、余某一交予刘某承运的辣椒属普通货物，因总重量不足三吨，应按零担货物运费计费，省内普通货物零担运价为每吨每公里0.37元。这一运价是“国家计划价格的组成部分”，当事人不得擅自约定变更。并且，承托运双方在运费结算后六个月内发现错收，应认真清查，多退少补。

本案中，李某、余某一交给刘某承运的辣椒约60袋，每袋约重80斤，总重量约重2.4吨。某县轮渡口到甲市的距离约128公里，按每吨每公里 0.37 元计费，运费价格应为 113.66 元。

刘某与李某、余某一之间的承托运关系，是一种民事关系，刘某在承担将辣椒运到指定地点的义务的同时，享有收取报酬的权利。但是，这种权利的享有不是随心所欲的，它必须限制在法律许可的范围以内。根据《中华人民共和国民法通则》第五十五条的规定，要设立合法的民事权利、义务关系，就应当具备“不违反法律”这一不可缺少的条件。按照我们上面的计算结果，刘某只享有收取 113.66 元运费的权利，收取 150 元已是违法多收，再收 300 元，理法不容。

《中华人民共和国民法通则》第七十二条规定：“财产所有权的取得，不得违反法律规定。”第九十二条规定：“没有合法根据，取得不当利益，造成他人损失的，应当将取得的不当利益返还受损失的人。”据此，我认为余某一、余某二兄弟要回 300 元的要求是合法的，刘某占有那 300 元则是不合法的。余某二对刘某所使用的暴力，绝不能看成非法占有他人财物的手段，恰恰相反，它只是夺回本该就是自己的财产的方法而已。尽管这种方法是不正确的，但由于并没有造成明显的伤害后果，当然也就不能把它当作犯罪来加以处理，更不能一看到有暴力和夺取财物两种现象，就不管使用暴力的目的何在和夺取的是谁的财物，而简单地将其认定为抢劫犯罪，这与“具体情况具体分析”的唯物辩证法观点是相悖的，因而是不可取的。

综合以上分析，我认为，余某二主观上没有非法占有他人财物的目的，客观上没有侵犯他人财产权利的行为，起诉书对余某二的指控不能成立。为此，提请合议庭全面查清事实，正确适用法律，作出公正判决，宣告被告人余某二无罪。

1994年6月22日，某区人民法院对余某一、余某二被控抢劫一案作出判决。

在查明事实部分认定了公诉机关指控的事实之后，某区人民法院认为：被告人余某一和刘某口头达成货运价格协议，并按口头协议将运费450元交给了司机刘某，属民事行为。货物运到目的地后，被告人余某一认为运费太高，想要司机退回300元，按照有关政策规定，司机应该退回被告人余某一300元。但是被告人余某一没有通过正当途径依法要回自己多付的部分运费，而是唆使被告人余某二强行要回多付的部分运费，被告人的行为均属违法行为。但其行为没有造成严重后果，情节显著轻微，危害不大，尚不构成犯罪。

某区人民法院依照《中华人民共和国刑法》第十条及《中华人民共和国刑事诉讼法》第十一条第一项之规定，经合议庭评议，并经本院审判委员会讨论决定，判决如下：

一、被告人余某一无罪；

二、被告人余某二无罪。

一审判决作出后，公诉机关不服，在法定期限内向某市中级人民法院提出抗诉。公诉机关经审查认为，上述判决显然不当，认定的部分犯罪事实与事实不符，适用法律不当，理由如下：

一、判决书认定的犯罪事实与事实不符

1. 判决书认定货物到达目的地后，被告人余某一认为运费太高，想要司机退回 300 元，司机应该退回被告人余某一 300 元，这与事实及法律精神不符。被告人余某一与同去贩菜的李某二人购辣椒打算运到甲市，在某县轮渡口拦下路过该处欲返回乙市的汽车司机刘某，刘某因为要返回乙市，且对甲市路线不熟，加上天色已晚，到甲市后返回乙市要跑回程路线，故未答应余某一帮运辣椒。后余某一主动提出包车，且因是夜间行车，故余某一提出给 450 元运费，双方就此达成协议，装车时李某付给刘某 150 元，途中余某一付给刘某 300 元（李某与余某一各自装车，李某装辣椒 33 包，余某一装辣椒 44 包），次日 1 时，刘某将辣椒运到了甲市，双方未提出任何异议并根据口头协议各自履行了合同义务。根据《中华人民共和国经济合同法》第五条“订立经济合同，必须贯彻平等互利、协商一致、等价有偿的原则。任何一方不得把自己的意志强加给对方，任何单位和个人不得非法干扰”及第六条“经济合同依法成立，即具有法律约束力，当事人必须全面履行合同规定的义务，任何一方不得擅自变更或解除合同”之规定，承运方及托运方均已履行合同义务，450 元运费是协商一致的，因涉及包车、夜行、跑回程等，其运费是合理的，不存在司机应该退回余某一 300 元。

2. 判决书认定被告人余某一没有通过正当途径依法要回自己多付的部分运费，而是唆使被告人余某二强行要回多付的部分运费，这与事实不符。被告人余某一与李某合伙请刘某运辣椒，根据双方协商一致原则，李某与余某一是各自托运自己的货物，李某托运33包辣椒，付150元，余某一托运44包辣椒，付运费300元，余某一仅仅是付了自己的货物运费300元，刘某也是得了余某一付给的300元，这300元是余某一付给刘某的报酬，法院认定余某一付的300元运费，是多付的部分运费。不难看出，余某一请刘某帮运辣椒，付300元运费，哪来的多付部分？按法院认定，刘某帮余某一运辣椒不需要付运费，这怎么能体现按劳取酬的原则？300元是多付的运费，那么余某一付的运费就是“零”，这符合我国的法律精神吗？判决书认定事实存在严重失实。

二、被告人余某一、余某二已构成抢劫罪

《中华人民共和国刑法》第一百五十条明确规定，以暴力、胁迫或者其他方法抢劫公私财物的，处三年以上十年以下有期徒刑。被告人余某二在被告人余某一的唆使下，由余某一指认刘某是司机，余某二采取用手抓刘某的颈部，并且殴打其腹部，抢走其现金300元，余某一、余某二之行为已构成抢劫罪。某区人民法院审理后，也确认了被告人余某一唆使被告人余某二采取暴力强行抢走刘某现金300元的犯罪事实，但对抢劫犯罪未作有罪判决，这有损我国法律的严肃性和尊严，与法律精神不符，显然不当。

三、适用法律不当

某区人民法院判决书适用《中华人民共和国刑法》第十条及《中华人民共和国刑事诉讼法》第十一条第一项之规定不当。被告人余某一、余某二采取暴力手段抢劫他人合法财产，情节严重，余某二应从重处罚，不适用《中华人民共和国刑法》第十条“情节显著轻微，危害不大的，不认为是犯罪”及《中华人民共和国刑事诉讼法》第十一条第一项“情节显著轻微、危害不大，不认为是犯罪的”规定。

综上所述，被告人余某一、余某二采取暴力抢劫他人财物，其行为已触犯《中华人民共和国刑法》第一百五十条之规定，构成抢劫罪。某区人民法院在被告人余某一、余某二的犯罪事实已确认的情况下未作有罪判决，显然不当。本院根据《中华人民共和国刑事诉讼法》第一百三十条之规定，提出抗诉。

公诉机关提出抗诉后，案件到二审阶段，余某二继续委托我担任其辩护人。

针对抗诉书的抗诉理由，我又对案情事实进行了必要的补充调查，并将调查材料呈交二审法庭，以加强“余某二抢回的300元，就是余某一多付的运费”这一观点的真实性和可信性。立足于案件基本事实，根据法律的规定，我在二审法庭上发表了以下辩护意见：

审判长、审判员：

某区人民检察院不服某区人民法院对余某一、余某二所作的无罪判决，向某市中级人民法院提出抗诉，我依法接受被告人余某二的委托，担任他的二审辩护人。现针对抗诉书的抗诉理由，提出如下辩护意见：

一、原审判决认定本案发生的时间、地点、人物、原因、过程、结果与案情事实完全吻合，不存在“与事实不符”的问题

1. 抗诉机关为了说明其抗诉理由的成立，援引了《中华人民共和国经济合同法》第五条、第六条的规定，强调“450 元运费是协商一致的，因涉及包车、夜行、跑回程等，其运费是合理的，不存在司机应该退回余某一 300 元。”我认为，首先，“包车”之说没有充分证据。其次，“协商一致”固然是订立经济合同应当遵循的一项原则，而“不违反法律”则是一项更为重要的原则。根据《中华人民共和国经济合同法》第六条的规定，经济合同具有法律约束力的前提是“依法成立”。本案一审时，我已充分证明了司机刘某与余某一之间口头合同的违法性（详见一审辩护词），抗诉书以“合理”（其实也并不合理）代替合法，其错误是不言而喻的。

2. 抗诉机关认定：李某与余某一“是各自托运自己的货物，李某托运 33 包辣椒，付运费 150 元，余某一托运 44 包辣椒，付运费 300 元，余某一仅仅是付了自己的货物运费 300 元”。

我认为，以上认定纯属没有根据的推测。证人李某、石某垣、熊某祥在接受律师调查时均证实：李某付出 150 元，余某一付出 300 元，并不是各付各的运费，而是为全体合伙租车货主（共七人）垫付的，辣椒运到甲市后，要按各自托运辣椒数量的比例分摊运费（证据已提交二审人民法院）。这与被告人余某一的陈述是一致的。李某垫付的 150 元已超出全部 77 包辣椒之合法运价的最

高限，其中当然也包含余某一按比例应付的运费。因此，原审法院认定余某一所付300元为“多付的部分运费”，是实事求是的。

二、被告人余某一、余某二的行为不构成抢劫罪

作为侵犯财产罪的抢劫罪，行为人主观上必须具有非法占有他人（国家的、集体的、其他公民个人的）财物的目的，客观上必须实施侵犯他人财产权利的行为。余某一告诉余某二“运费450元太高，找司机要回300元”，这说明余某一没有占有司机刘某财物的主观故意；余某一所付的300元现在已经被证明依法不归刘某所有，因而余某二将其夺回交还余某一也就不是侵犯刘某财产权利的行为。既无非法占有他人财物的故意，又无侵犯他人财产权利的行为，被告人余某一、余某二的行为当然不能构成抢劫罪。

我说余某一、余某二的行为不构成抢劫罪，并不意味着我赞成余某二在夺回多付运费时所采用的暴力手段，应当指出，余某二殴打刘某的行为是违法的，但由于这种暴力并未造成明显的伤害后果，实属情节显著轻微、危害不大之范畴。所以，原审法院适用《中华人民共和国刑法》第十条和《中华人民共和国刑事诉讼法》第十一条第一项之规定，判决余某一、余某二无罪，是完全正确的。

审判长、审判员：综合以上意见，我认为，原审判决认定事实清楚，适用法律正确，抗诉机关的抗诉理由依法不能成立。为此，提请合议庭依照《中华人民共和国刑事诉讼法》第一百三十

六条第一项之规定，驳回抗诉，维持原判。

1994年8月22日，某市中级人民法院对本案作出终审裁定。

某市中级人民法院经审理查明：原审判决认定的事实清楚，原审被告人余某一和李某与刘某口头达成货运价格450元的协议，并付了450元给司机，货运到目的地后，余某一认为运费太高叫其弟余某二要回300元。原审被告人余某二在要回300元的过程中，采取了揪被害人衣领，打被害人腹部一拳的行为，证据确实、充分，应予确认。

某市中级人民法院认为：原审人民法院对被告人余某一、余某二判决适用法律是正确的。余某一唆使余某二强行要回多付的部分运费是错误的，但由于没有造成严重的危害后果，实属情节显著轻微。故抗诉机关提出的抗诉理由不能成立，不予采纳。

某市中级人民法院依照《中华人民共和国刑事诉讼法》第一百三十六条第一项之规定，经合议庭评议并报本院审判委员会讨论决定，裁定如下：

驳回抗诉，维持原判。

本裁定为终审裁定。

5

“算账”，算的不是钱

——王某被控敲诈勒索罪案

【基本案情】

1994 年 4 月 5 日 22 时许，舒某、王某、毛某等人在某市“快乐园”跳舞时，舒某女友刘某一哭着对舒某讲：“我前天晚上被‘兔子’带去强奸了。”舒某便对身边的王某、毛某讲：“今晚去找‘兔子’算账。”王某、毛某答应同往，舒某又纠集刘某二、徐某、陈某等多人，身带刀具窜至涂某住处（即“兔子”家里），王某守在楼下，舒某、刘某二上楼，以涂某的弟弟即“兔子”强奸了舒某女朋友为由，向涂某提出要 1000 元，涂某见舒某一伙人多不肯开铁门，后徐某、毛某从楼下爬水管进入涂某家中，涂某才将铁门打开，舒某、刘某二冲进涂某家，刘某二用刀朝涂某头部砍了一刀（经法医鉴定为轻微伤乙级），逼迫涂某交出人民币等共计二百余元。

舒某等人离开之后，涂某报案，舒某、刘某二、毛某、王某被抓获，徐某、陈某在逃。

【案件经过】

案件经公安机关侦查终结后移送某区人民检察院审查起诉，该院经审查，认定舒某、刘某二、毛某、王某的行为构成敲诈勒索罪，于1994年9月29日对舒某、刘某二、王某提起公诉，毛某被免予起诉。因王某曾因盗窃被劳动教养两年，于1991年释放，公诉机关根据法律规定，请求人民法院对王某予以从重处罚。

王某委托我担任辩护人。

从案情事实中，我重点关注到以下两点：

第一，舒某邀集王某同往“兔子”家，说的是找兔子“算账”。算账一词的含义，或者说王某对“算账”一词含义的理解，决定王某主观方面的性质，进而决定其主观心态支配下的客观行为的性质。

第二，舒某等人到达“兔子”住所后，四人上楼实施了逼迫涂某交付财物的行为，王某守候在楼下，楼上涂某家发生了什么，王某并不知情。

刑法学关于共同犯罪的理论中，有一个“实行犯过限”的理论观点，指的是在共同犯罪中的某一个或数个共同犯罪人，实施了超过原共同确定的故意范围以外的犯罪行为。实行过限的犯罪行为由过限行为实施者自己承担，对过限行为没有共同故意的原共同犯罪人，不对过限行为负刑事责任。例如，甲、乙二人商议深夜入室行窃，甲入室窃取财物，乙在门外望风，甲入室窃得财物后发现室内有一妇女独睡，遂将其强奸，而后与乙一起逃离。

对于盗窃罪，乙无疑应与甲共同承担刑事责任，而对于强奸罪，虽然发生在乙望风的过程当中，因其并未与甲有共同的犯罪故意，甲的强奸行为属实行过限行为，故乙不应承担强奸罪的刑事责任。

实行犯过限理论解决共同犯罪故意之外犯罪行为的归责问题。推而广之，如果舒某所说“找他算账”的含义不等同于强取他人钱财，或者王某对“算账”一词含义的理解并非强取他人钱财，在王某并未参与舒某等人强取钱财的情况下，按照实行犯过限理论和“举重以明轻”的逻辑原理，当然就更不应当让没有任何犯罪故意的王某承担强取钱财的犯罪责任了。

1994 年 11 月 5 日，某区人民法院开庭审理舒某、刘某二、王某等人被控敲诈勒索一案。在法庭上，我发表了以下辩护意见：

审判长、人民陪审员：

被告人王某因被指控犯有敲诈勒索罪，委托我担任其辩护人，受景德镇市第二律师事务所的指派，我依法出席今天的法庭，为王某辩护。

《中华人民共和国刑事诉讼法》第二十八条规定：“辩护人的责任是根据事实和法律，提出证明被告人无罪、罪轻或者减轻、免除其刑事责任的材料和意见，维护被告人的合法权益。”通过了解案情，研究法律，我认为王某的行为不构成敲诈勒索罪，公诉机关的指控依法不能成立，因此，我将在以下的发言中为王某作无罪辩护。

根据《中华人民共和国刑法》的规定，敲诈勒索罪属于侵犯财产罪，按照犯罪构成的理论，该罪的主观方面必须是行为人具有非法占有他人财物的目的，而客观方面则表现为行为人采取威胁、要挟的方法逼使被害人交付财物。然而，无论是从主观方面还是从客观方面看，王某的行为都不符合敲诈勒索罪的特征。

一、王某主观上不具有非法占有他人财物的犯罪目的

王某为什么随舒某等人去“兔子”家？案卷材料告诉我们：刘某一向舒某哭诉被“兔子”（涂某之弟）强奸，舒某邀集多人寻找“兔子”进行报复，按照起诉书的表述，就是“去找‘兔子’算账”，王某即在被邀之列。所谓“算账”的含义，《现代汉语词典》解释为“吃亏或失败后和人争执较量”，这与案发地的地区方言并无任何差别。事实上，王某并不知道舒某等人除了“算账”以外还有其他的目的。作为故意犯罪的敲诈勒索罪，是以主观上的“明知”为要件的，既然王某并不明知，又怎能说他主观上与舒某等人在非法占有他人财物上有共同的犯罪故意呢？既然没有非法占有他人财物的犯罪目的，也就不具备敲诈勒索罪的主观要件，又怎能以敲诈勒索罪追究王某的刑事责任呢？

二、王某客观上没有参与迫使涂某交付财物的犯罪行为

正如起诉书所叙述的那样，随舒某前往“兔子”家的共有十多人，而进入其家中的只有舒某、刘某二、徐某、毛某等四人，王某与大多数人一样等在门外，他根本就不知道里面发生了什么情况。既不知情，又未进门，如何参与迫使涂某交付财物的犯罪行为呢？既然没有参与迫使被害人交付财物的犯罪行为，也就不

具备敲诈勒索罪的客观要件，又怎能以敲诈勒索罪追究王某的刑事责任呢？

审判长、陪审员：我已经充分证明了王某的行为不构成敲诈勒索罪，并且，我认为这个辩护观点经得起事实与法律的检验。为维护王某的合法权益，提请合议庭作出公正判决，宣告王某无罪。

1995年3月22日，某区人民法院对本案作出一审判决。

某区人民法院经审理查明：1994年4月5日22时许，被告人舒某、刘某二，纠集徐某（在逃）、毛某、王某等十多人，身带刀具、标枪等凶器，从本市广场租了二辆三轮机板车，窜至本市涂某住处（即“兔子”家），以涂某的弟弟即“兔子”强奸了舒某女朋友刘某一为由进行报复。被告人舒某、刘某二一伙叫涂某开门，涂某见舒某一伙人多不肯开门。被告人舒某、刘某二等人仍留在涂某家门口，其余同案人下了楼，后徐某、毛某从楼下爬水管进入涂家逼涂某将铁门打开。被告人舒某、刘某二等人冲进涂家，刘某二用刀朝涂某头部砍了一刀（经法医鉴定为轻微伤乙级）。此时舒某、刘某二要涂某最少给1000元，涂某不肯。此时，被告人刘某二就丢了两把刀在床上，叫涂某看着办，涂某就从抽屉内拿出100元现金，舒某、刘某二又威逼涂某撬抽屉，舒某一伙从抽屉内搜走国库券150元、银手镯一只等，然后逃离现场。根据以上查明认定的事实和《中华人民共和国刑法》的规定，某区人民法院将起诉罪名敲诈勒索罪变更为抢劫罪。

对于王某行为的性质，某区人民法院完全采纳了辩护人的辩护意见，认为：被告人王某在主观上不具有非法占有他人财物的犯罪目的，在客观上没有参与抢劫涂某财物的犯罪行为，情节显著轻微，不构成犯罪。

某区人民法院判决如下：

一、刘某二犯抢劫罪，判处有期徒刑七年；

二、舒某犯抢劫罪，判处有期徒刑四年；（笔者注：刘某二、舒某另有一起共同抢劫犯罪案，一并处理；舒某犯罪时未满十八周岁，依法从轻处罚。）

三、王某无罪。

一审宣判后，公诉机关以“在涂某家门口，铁门未开时，舒某向涂某提出要赔1000元，王某就在现场，原审判决被告人王某无罪显然错误”为由，向某市中级人民法院提起抗诉。

王某继续委托我担任二审辩护人。因并无新的证据支持抗诉主张，我遂以被一审法院采纳的原辩护理由作二审辩护。

1995年5月18日，某市中级人民法院作出刑事裁定。

在查明认定的事实与一审一致的基础上，某市中级人民法院认为：原判认定被告人刘某二犯抢劫罪；被告人舒某犯抢劫罪；被告人王某不构成犯罪的事实清楚，定性准确，审判程序合法，应予维持。抗诉机关在抗诉中提出的在涂某家门口，铁门未开时，被告人舒某提出要赔1000元之情节，证据不充分。原审被告人王某在主观上没有非法占有他人财产的目的，在客观上也没有敲诈勒索的犯罪行为，故对某区人民检察院的抗诉意见不予采纳。

某市中级人民法院依照《中华人民共和国刑事诉讼法》第一百三十六条第一项之规定，裁定如下：

驳回抗诉，维持原判。

本裁定为终审裁定。

6

“他人”，是什么人

——何某被控挪用资金罪案

【基本案情】

何某，原系某林场场长。因涉嫌挪用公款罪于1998年3月2日被刑事拘留，同月16日经某县人民检察院决定由某县公安局执行逮捕，1998年5月4日由某县人民检察院决定对其取保候审。

某县人民检察院对何某涉嫌挪用公款罪一案立案侦查，查明以下事实：

1996年3月16日，某林场为木材深加工开发项目向银行申请贷款145万元，何某找到个体经销商余某，要其帮忙出面找人审批贷款。余某提出，如贷款成功，在第一批资金到位后，必须借15万元给她作流动资金。同年12月31日，某银行第一批贷款资金50万元到位，何某擅自决定将其中15万元于1997年3月10日汇到余某的私人账户上，次日，何某亲自将汇票联交给余某。余某向何某出具一张15万元的借条，注明了还款时间和利息，此后何某将余某的15万元借条交给财务入账。

1997年3月8日，何某从某林场财务上借款1万元为其儿子私人购房，并向财务出具借条，注明1997年底连本带息一并归还，直至案发均未还款。

某林场系镇办农村集体企业，时任场长的何某不具有国家工作人员身份，不能成为挪用公款罪的犯罪主体，案件移送审查起诉后，某县人民检察院将何某涉嫌的罪名确定为挪用资金罪。

【案件经过】

某县人民检察院认为：何某在担任某林场场长期间，利用职务便利，擅自将本单位资金借与他人使用，数额较大，其行为构成挪用资金罪。1999年4月6日，某县人民检察院提起公诉，诉请某县人民法院以挪用资金罪追究何某的刑事责任。

1999年5月7日，某县人民法院公开开庭审理本案。何某原委托的辩护人认为，何某出借15万元资金是为公不是为私，其行为的性质属于某林场的企业经济行为，而非擅自决定的个人私自挪用行为。据此为何某作无罪辩护。

1999年5月18日，某县人民法院作出判决。

某县人民法院认定了公诉机关指控的案件事实。对于资金出借的细节，法院根据庭审证据认定为：“某林场为木材深加工开发项目，经镇政府同意，市计委批复后，向银行申请贷款145万元。由于审批困难，被告人何某便找到余某，要其帮忙出面找人审批。余某则趁机提出，如贷款成功，第一批资金到位后，必须借15万元给她作流动资金。”对于原辩护人的辩护意见，法院以“无会议讨论的记录证实”为由未予采纳。

某县人民法院认为：被告人何某利用职务之便，私自将15万元资金借给他人使用，借1万元给自己儿子使用，数额较大，构成挪用资金罪。但鉴于被告人借款给他人的动机不是为个人，情节轻微，可予酌情从轻减轻处罚。

某县人民法院为保护集体财产不受侵犯，依据《中华人民共和国刑法》第十二条、第三十七条、第六十四条等规定，判决如下：

被告人何某犯挪用资金罪，免予刑事处罚。

何某不服一审判决，认为自己的行为不能构成挪用资金罪，持原辩护观点具状向某市中级人民法院提出上诉。

某县人民检察院亦不服一审判决，认为原判定罪正确但处理畸轻，向某市中级人民法院提出抗诉，请求二审法院依法改判。其主要理由是：“被告人何某共计挪用资金16万元。挪用资金犯罪数额是犯罪情节的主要标志，也是量刑的主要依据。可见被告人何某犯罪情节的严重性（这一点从修改《中华人民共和国刑法》后对挪用资金以15万元为数额巨大起点，处三年以上十年以下有期徒刑的规定中可以得到充分说明）。”

提出上诉后，何某委托我担任其二审辩护人。

本案案情并不复杂。何某涉嫌挪用资金罪的事实分为两个部分，其一为出借某林场资金15万元给余某，其二为从某林场借出资金1万元用于儿子购房。

在当时，挪用资金罪数额较大的起点（亦称为“起刑点”）为1.5万元，何某从某林场借出资金1万元用于儿子购房，因为数额未达到数额较大的起点，该行为的性质无论是不是挪用资金，对于定罪而言都没有意义，因此可以撇开不管。

对于何某将15万元出借给他人的客观事实，证据确实充分，控辩双方均无异议，也无争辩必要。

因此，本案控辩双方攻防的焦点就集中在何某将15万元出借给他人之行为的性质上，要回答的问题就是：何某的行为能不能满足挪用资金罪客观方面的要求。

通过查阅案卷材料，我注意到一个重要情况，出借资金虽然是转到了余某的个人账户，但出具借条承诺还本付息的借款人却是余某所在的公司，借条中载明的资金出借人是某林场而不是何某。也就是说，在涉案借款关系中，真正的借款人并不是余某，而是其代表的公司；真正的资金出借人不是何某，而是其代表的某林场。相对于某林场，余某所在公司当然是“他人”，但这个“他人”，是不是挪用资金罪犯罪构成中客观方面所要求、所指向的那个“他人”呢？

国家立法机关、司法机关都没有对挪用资金罪之罪状所说“他人”的含义作出解释，这对辩护人是非常不利的。但在仔细考察全国人大常委会《关于惩治违反公司法的犯罪的决定》（现已失效，以下简称《决定》）之后，我发现，《决定》中要惩治的犯罪，都是公司（企业）中的职务犯罪，这些犯罪与《中华人民共和国刑法》第十章规定的贪污罪、贿赂罪、挪用公款罪相比，除主体身份不同（一为国家工作人员，一为企业工作人员）外，犯罪构成的其他方面基本相同，如贪污罪对应职务侵占罪，受贿罪对应非国家工作人员受贿罪，挪用公款罪对应挪用资金罪，等等。这样的情况提示我："他山之石，可以攻玉"，法律、司法解释对挪用公款罪之客观方面的解释，完全可以运用到本案中，作为理解"他人"含义的法律依据。

1989年11月6日，最高人民法院、最高人民检察院发布《关于执行〈关于惩治贪污罪贿赂罪的补充规定〉若干问题的解答》（现已失效，以下简称《补充规定》），《补充规定》第二条第一项对"挪用公款归个人使用"作出这样的解释："《补充规定》第三条规定的'挪用公款归个人使用'，包括挪用者本人使用或者给其他个人使用。挪用公款后，为私利以个人名义将挪用的公款给企业事业单位、机关、团体使用的，应视为挪用公款归个人使用……"在《补充规定》中，将"挪用公款归个人使用"分为三种情形：第一种是挪用公款给挪用者本人使用；第二种是挪用公款给其他个人使用；第三种是为私利以个人名义将挪用的公款给企业事业单位、机关、团体使用。

对比全国人大常委会《决定》和最高人民法院、最高人民检察院《补充规定》的相关内容，我们可以领会到，《决定》中所说"借贷给他人"中的"他人"，一般情况下应当是指《补充规定》中上述第二种情形中的"其他个人"，而如果是其他企业事业单位、机关、团体，则应当有挪用者“为私利”和“以个人名义”的前提条件。

以本案何某将某林场的资金出借给余某所在公司的情况与上述三种情形进行对照，第一种情形可以直接排除，第二种情形结合书证借条可以排除，第三种情形，虽然某林场的资金是由何某借给了其他企业使用，但原审法院已经查明，何某“借款给他人的动机不是为个人”，这一点，公诉机关亦无异议，并且，何某决定将某林场的资金出借给余某所在公司，并非以其个人名义，余某出具的借条言明是向某林场借钱，收到余某出具的借条后，何某将借条交给某林场财务作为某林场的债权凭据，就是明证。这就是说，何某将某林场的资金出借给余某所在公司，既非以个人名义，亦无个人私利，其行为性质，与上述第三种情形也不相符。因此，何某将某林场的资金出借给余某所在公司的行为，与挪用资金罪客观方面的要求不相符合，其行为不能构成挪用资金罪。

1999 年 10 月 19 日，某市中级人民法院公开开庭审理何某被控挪用资金罪抗诉、上诉案。法庭辩论时，我以前述论证结果为依据，发表了“何某的行为在客观方面不能满足挪用资金罪的犯罪构成要件，其行为不能构成挪用资金罪”的辩护意见。

2000 年 1 月 6 日，某市中级人民法院对本案作出终审判决。

某市中级人民法院经审理查明：1996 年 3 月，某林场为木材深加工开发项目，经镇政府同意，市计委批复后，向某银行申请贷款 145 万元。由于审批困难，上诉人何某便找到余某，要其帮忙出面找人审批，余某则趁机提出，如贷款成功，第一批资金到位，必须借15万元给她作流动资金。同年12月31日，某银行第一批50万元贷款到位，何某为争取后续贷款到位，于1997年3月10日将其中的15万元借给余某，余某出具了借条，在借条中加盖了该公司的公章，注明了还款时间和利息。1997年3月8日，上诉人何某向某林场财务借款1万元，用于其儿子购房。

某市中级人民法院查明认定了余某“在借条中加盖了该公司的公章”这一重要事实。

某市中级人民法院认为：上诉人何某上诉提出，为了集体利益，以单位名义将资金借给他人使用，属企业间的融资拆借行为，依法不构成犯罪。经查，上诉人何某身为某林场场长，对企业的财产具有管理、支配、使用权，为了本单位贷款能及时足额到位，将15万元资金借贷给他人使用，其行为虽然违背了有关规章，但其主观动机并非为己私欲，加之在借据上不仅有联系人签名，并加盖了该单位公章，应视为企业间的资金拆借，故此行为属民事调整范围，不构成犯罪；上诉人何某从本单位借1万元用于其儿子购房的行为属挪用行为，但根据有关法律规定，系情节显著轻微，尚不构成犯罪。上诉人何某及其辩护人的上诉理由成立，应予采纳。某县人民检察院抗诉提出原审人民法院对何某量刑畸轻的理由，不能成立。故原审认定事实清楚，审判程序合法，但定罪不准，量刑不当，应予改判。

某市中级人民法院依照《中华人民共和国刑事诉讼法》第一

百八十九条第二项之规定，判决如下：

一、撤销某县人民法院刑事判决的定罪部分；

二、上诉人何某无罪。

本判决为终审判决。

【办案心得】

我的辩护意见得到了二审法院的采纳，何某获得了无罪判决，这是值得庆幸的事。然而我的辩护意见毕竟是建立在我个人对法律的理解之上的，尽管我认为这种理解符合法理逻辑，但在当时并没有权威的法律文件予以支持。

案件判决两年后，2002 年 4 月 28 日，全国人大常委会发布《关于〈中华人民共和国刑法〉第三百八十四条第一款的解释》，对该条款中国家工作人员利用职务上的便利，挪用公款"归个人使用"的含义作出如下解释："有下列情形之一的，属于挪用公款'归个人使用'：（一）将公款供本人、亲友或者其他自然人使用的；（二）以个人名义将公款供其他单位使用的；（三）个人决定以单位名义将公款供其他单位使用，谋取个人利益的。"

对于挪用公款归个人使用的含义，全国人大常委会的立法解释与我在二审辩护时援用的《补充规定》基本相同。而在几年前，我提出参照挪用公款罪的立法来定义"挪用资金归他人使用"的辩护意见，纯粹只是一种个人的观点，并没有明确的法律依据予以支持，某市中级人民法院能够予以采纳，是非常有远见的。后来的立法成果和司法实践证明，我的辩护观点是正确的。

7

他能贪什么

——朱某被控贪污罪案

【基本案情】

被告人朱某，时任某农资总公司副经理、第二分公司经理，因涉嫌贪污罪，于2000年4月7日被某区人民检察院决定刑事拘留，同年4月21日经某区人民检察院批准并由某区公安分局执行逮捕。

【案件经过】

某区人民检察院于2000年8月29日以朱某非法占有单位公款173356.73元之行为构成贪污罪且数额巨大，向某区人民法院提起公诉。

某区人民检察院认定朱某的犯罪事实是：被告人朱某1997年11月至1998年底与某区农资公司签订了承包协议书承包区农资公司第二分公司并担任经理。依据“协议书”，所经营的农资化肥和5万元现金由区农资公司提供并配备管理人员和职工，每月向区供销社报账，由朱某负责第二分公司的全面工作和资金管理。被告人朱某在1997年11月至1998年11月为期一年的承包期间，将第二分公司管理人员章某、徐某指派到下面销售点，造成第二分公司由其和两个女儿经营的局面，并未建立正规财务账，使区供销社无法对其实施财务监督。朱某采取账外经营，隐瞒销售额，虚报亏损等手段，贪污公款共计人民币173356.73元。

上述犯罪事实有证人证言，有关书证、审计材料记录在卷，被告人亦供认在卷，事实清楚，证据确实充分，足以认定。

某区人民检察院认为：被告人朱某利用其担任区农资公司第二分公司经理的职务之便，在经营管理国有资产期间非法占有公款，其数额已达巨大，其行为已触犯《中华人民共和国刑法》第三百八十二条之规定，构成贪污罪，依法应当以贪污罪追究朱某的刑事责任。

朱某委托我担任其辩护人。

本案的证据，都是控方收集、提供的，辩方没有辩护证据，因此，我只能从控诉证据中寻找可能为我所用的材料，实践中，常有一方提供的证据却成为对方实现诉讼目的的论据的情况。接受委托后，我就钻进厚厚一堆证据材料中，日夜翻阅，细看细读，希望能从中找到为我所用的东西。功夫不负有心人，起诉书中提到的《承包经营协议》让我眼前一亮，就是这份被当作控诉证据的协议书，为我的无罪辩护奠定了最重要的事实基础。对照法律规定和法理论述，控方提供的这份证据，其实可以看作我为朱某进行无罪辩护的有力证据。我好像听到它悄悄地跟我说：朱某的行为不能构成贪污罪。

2000 年 9 月 14 日，某区人民法院公开开庭审理朱某被控贪污一案，法庭辩论时，我发表了下面这篇精心准备的辩护词：

审判长、审判员：

被告人朱某因被某区人民检察院指控犯有贪污罪，委托我担任其辩护人，受江西泰方律师事务所的指派，我依法出席今天的法庭，为朱某提供辩护。

为忠实地履行辩护律师的法定职责，我全面了解了本案案情，结合侦查机关已收集在案的证据研究了有关的法律规定和法学理论，按照“先定性，再定量”的一般辩护规程，对朱某被控行为的性质进行了慎重的斟酌。我认为，朱某的行为不符合贪污罪的法律特征，根据《中华人民共和国刑事诉讼法》第三十五条的规定，我在本案中的责任，就是为朱某作无罪辩护。我相信，我的辩护观点的正确性，可以在以下的发言中得到充分的证明。

一、公共财物的所有权这一客体，是贪污罪犯罪客体必不可少的内容

刑法学理论认为，任何一种犯罪，都必然对刑法所保护的社会关系即犯罪客体造成侵害。贪污罪当然也不例外。贪污罪的客体，是双重客体，其一是国家工作人员的廉洁性，其二是公共财物的所有权。可以说，没有对公共财物所有权的侵犯，就无所谓贪污罪；换句话说，行为没有侵犯或者不能侵犯公共财物所有权，

就不是贪污行为。

什么是财产所有权呢？《中华人民共和国民法通则》第七十一条有明确的规定：“财产所有权是指所有人依法对自己的财产享有占有、使用、收益和处分的权利。”财产所有权四项权能中的占有权和使用权可以由所有人让渡给他人行使。例如房屋所有人将房屋出租给他人，则房屋的占有权和使用权就让渡给了承租人；又如银行将货币出借给借款人，则货币的占有权和使用权就让渡给了借款人。这种让渡的结果，在出租人和承租人或贷款人和借款人之间形成了一种债权债务关系，出租人或贷款人就是债权人，依法享有收取租金或利息的权利；而承租人或借款人就是债务人，依法承担交付租金或利息的义务。

可以看出，在财产关系中，所有权可以转化为债权，这种转化并没有使所有人丧失所有权；恰恰相反，债权的存在，说明了所有权的存在，因为债权的产生，是以所有权的客观存在为根据的。

准确地把握上述法理，对于正确处理本案有着十分重要的意义。基于所有权原理，只要判明朱某的行为是不是侵犯了公共财产所有权，或者更进一步说，只要判明朱某的行为能不能侵犯公共财产所有权，就能够对朱某的行为是否构成贪污罪作出正确的判定。

二、朱某的行为没有也不会侵犯公共财产的所有权

起诉书指控：朱某采用账外经营、隐瞒销售额、虚报亏损额

等手段，贪污公款合计人民币173356.73元。

如前所述，公共财产的所有权是贪污罪的客体。我认为，手段是为目的服务的，因此，不论行为人采取什么样的手段，只要这些手段没有也不会侵犯公共财产的所有权，就不能将其定性为贪污手段。为了证明这一点，我姑且假定朱某确有账外经营、隐瞒销售额、虚报亏损额的行为，在这样的条件下，看看其行为能不能构成贪污罪。

根据某区农资公司与朱某签订的《承包经营协议》，作为承包人的朱某的权利义务可以归结为四个字，即“自负盈亏”，其含义是：盈利归朱某享有，亏损由朱某承担。不难看出，在这一原则的制约下，无论它采用什么样的隐瞒、虚报手段，都不能使公共财物的所有权发生转移。兹证明如下：

1. 根据协议第三条的约定，某区农资公司为启动承包经营而交给朱某的农资商品及现金，在承包到期后须定价收回，如有短少必须由朱某以现金补齐。可见，隐瞒虚报不能将这部分公共财产转为己有。

2. 根据协议第四条的约定，朱某在一年承包期内须向某区农资公司上缴管理费13万元整，管理费的上缴与朱某经营结果的盈亏没有关系，盈利自然应缴，亏损也不能不缴。是否隐瞒虚报都不会对管理费的上缴产生影响。朱某虽然没有完成承包任务（即实现销售目标550万元），但还是依协议的约定交清了管理费，就是明证。

3. 根据协议第六条的约定，某区农资公司分配给朱某的职工，其生活费均由朱某负担。这部分支出与朱某经营结果的盈亏也没有关系，盈利必须发放，亏损也不能免除。事实上，朱某对职工生活费的负担数额并不是随经营结果的好坏而浮动的，它是一个定数，故隐瞒虚报毫无意义。

当然，我并不是说朱某的隐瞒虚报行为在任何情况下都不能成为贪污的手段。根据协议第四条的约定，如果朱某的销售额超过任务数（550 万元），则对其超额部分上缴管理费的方式就应当实行浮动制，即每增加 50 万元销售额，需增加上交管理费 1 万元，直至总额满 16 万元为止。在这种情况下，隐瞒销售额就会成为贪污应缴管理费的手段。但是，由于朱某在承包期内仅完成销售额 206 万余元，尚不足任务数的一半，而在任务数额之内，管理费的数额是固定不变的。正是在这样的条件下，我才说隐瞒虚报不可能成为贪污的手段。

朱某的承包已经结束，由于合同双方当事人在评价经营结果的标准和方法上存有较大争议，因而迄今仍未有双方认可一致的清算结果。但这并不会影响对本案性质的分析和认定，因为我是立足于最不利于朱某的条件来对本案性质进行分析的，这个条件就是假定朱某确有隐瞒虚报的行为。毫无疑问，无论朱某如何隐瞒销售额或者虚报亏损额，某区农资公司都不会将朱某按合同约定应交应还款物一笔勾销，如有欠交，必定将其视为朱某对某区农资公司所负债务，从而在双方当事人之间形成债权债务关系，这一点，已经从应某区农资公司要求由区供销社组成的工作组所作书面调查报告中得到了证明。

我前面已经谈到，在财产关系当中，所有权可以转化为债权，债权的存在，说明了所有权的存在，既然公共财产的所有权并没有消失而只是以债权的形式表现出来，又怎能认定朱某的行为构成贪污罪呢？

三、朱某与某区农资公司的关系是承包合同双方当事人之间的关系，属平等主体的民事法律关系范畴

1997年11月20日，某区农资公司与朱某签订《承包经营协议》，将公司下属单位某经营部改组为第二分公司，改组后的第二分公司由朱某承包经营。协议书明确约定，第二分公司由承包人朱某“自主经营，独立核算，自负盈亏”。

《承包经营协议》全面规定了发包人与承包人双方的责、权、利，根据协议书的内容和有关法律的规定，我们可以明确以下几点：

1. 朱某与某区农资公司之间的关系是合同关系；

2. 这种合同关系的内容是财产关系；

3. 既然是合同关系，当事人双方的地位就应当是平等的，法律不允许一方当事人把自己的意志强加于另一方。

法学基础理论告诉我们，不同的社会关系应当由不同的部门法律加以调整，例如刑法调整刑事法律关系，劳动法调整劳动法律关系，行政法调整行政法律关系，而民法调整的则是民事法律

关系。这种一一对应，是由各种社会关系自身的特殊性决定的，任何不顾社会关系特殊性的跨部门调整，都必然会导致法律适用错误，造成严重的后果。

《中华人民共和国民法通则》第二条规定："中华人民共和国民法调整平等主体的公民之间、法人之间、公民和法人之间的财产关系和人身关系。"朱某与某区农资公司之间的合同关系，是平等主体的公民与法人之间的财产关系，合同双方当事人之间以财产关系为内容的权利义务关系，只能通过民法加以调整。《中华人民共和国民法通则》第一百零六条第一款规定："公民、法人违反合同或者不履行其他义务的，应当承担民事责任。"据此，即使认定朱某违反合同并对某区农资公司负有债务，在法律上他承担的也只能是民事责任。

审判长、审判员：通过以上分析，我可以得出这样的结论：本案性质是平等主体的公民与法人之间的财产关系即债权债务关系，这种关系属民事法律关系，依法只能由民法进行调整。朱某的行为没有也不可能会侵犯公共财产的所有权，公诉机关启动刑事程序起诉朱某实属适用法律错误。朱某的行为不构成贪污罪。为维护被告人的合法权益，维护法律的正确实施，辩护人提请合议庭作出公正判决，宣告朱某无罪。

以上意见，请予审议。

2001 年 7 月 31 日，某区人民法院对本案作出一审判决。

在查明朱某与某区农资公司承包经营协议约定"自主经营，

独立核算，自负盈亏”等事实证据的基础上，某区人民法院认为：被告人朱某与某区农资公司签订的承包经营协议是个人承包性质，朱某承包经营是盈是亏，都必须缴纳 13 万元管理费和发放工人工资，谁对此都不会承担经济责任。朱某承包期满按协议规定，应将某区农资公司的商品和现金一分不少地还给某区农资公司，不管朱某采取何种手段占有货款，某区农资公司的所有权并未受到侵犯。朱某在承包经营期间未建立正规财务账，单据不全，商品无销售发票，之后补报亏损，区供销社审计组在此情况下对朱某承包经营的财务进行审计，所得出的结论缺乏事实依据。按照朱某与区农资公司签订的承包经营协议等事实，公诉机关指控朱某的犯罪事实和罪名不能成立，故此，被告人朱某的行为不构成贪污罪，应按经济合同法进行调整。被告人朱某及其辩护人所提辩护意见有理，应予采纳。

某区人民法院依照《中华人民共和国刑事诉讼法》第一百六十二条第二项之规定，判决如下：

被告人朱某无罪。

一审宣判后，公诉机关提出抗诉。

2002 年 1 月 24 日，某市中级人民法院对本案作出裁定：

驳回抗诉，维持原判。

本裁定为终审裁定。

8

不知何来的窃电装置

——喻某被控盗窃罪案

【基本案情】

2003年12月16日，有人向某供电公司举报，喻某利用值班之机，采取“铜芯短接”手段窃取某变电站工业柜、农业柜的电量，某供电公司和某市公安局刑侦支队联合查办，现场发现短接窃电装置。经某市技术监督局检测，当天的窃电量为9696kWh，价值为3634.06元。

喻某因涉嫌盗窃罪于2004年3月3日被某市公安局刑事拘留，3月17日经某市人民检察院批准逮捕，3月18日执行逮捕，同年4月5日由某市公安局决定取保候审。

【案件经过】

本案由某市公安局侦查终结，移送某市人民检察院审查起诉，该院决定将案件交由某县人民检察院审查起诉。经审查，某县人民检察院认为：喻某利用短接手段窃取电能，价值人民币3634.06

元，数额较大，其行为已触犯《中华人民共和国刑法》第二百六十四条规定，犯罪事实清楚，证据确实充分，应当以盗窃罪追究其刑事责任。2004 年 12 月 7 日，某县人民检察院提起公诉，请求某县人民法院以盗窃罪依法追究喻某的刑事责任。

喻某委托我担任辩护人。

通过查阅案卷，我了解到，某变电站工业柜、农业柜电表外接有一个铜芯短接装置是事实，喻某单独当班时该装置被查获是事实，短接装置造成电量流出 9696kWh，价值为 3634.06 元，也是事实。

会见喻某时，围绕短接装置有关问题，我们进行了以下对话：

问：铜芯短接装置是你安装的吗？

答：不是。

问：你知道是谁安装的吗？

答：不知道。

问：表外接线流出电量的去向你知道吗？

答：供电所。

问：供电所与你有什么关系吗？

答：没有。

获知这些线索后，我回头再读案卷材料，发现举报喻某窃电的人是许某，在公诉机关提供的控诉证据体系中，他是本案唯一的证人，而其所在单位，正是表外接线流出电量的接收方供电所。

顺着这个线索展开调查，我找到许某，他说："我举报喻某与人勾结偷电的事不是事实，我没有看到喻某安装窃电设施。”我向许某了解供电所供电、收费和职工收入有关情况，他说：“供电所向用电户计量收费，所收电费全部上交县供电局，再逐级上交至省供电局，供电所是国有单位，职工工资福利与收取电费多少没有关系。”

盗窃罪的罪状是：以非法占有为目的，秘密窃取公私财物数额较大或者多次盗窃公私财物的行为。从短接装置流出的电量，输入国有单位供电所，与喻某没有任何关系，既然主观上没有非法占有的目的，那他为什么要冒着坐牢的风险偷偷摸摸地做这种事呢？说安装短接装置是喻某所为，情理难通。

证据告诉我，主观方面，不能证明喻某有非法占有公私财物的目的，客观方面，不能证明喻某实施了安装短接装置的行为。也就是说，公诉机关对喻某的盗窃罪指控是不能成立的，我应当为他作无罪辩护。

2004 年 12 月 27 日，某县人民法院公开开庭审理喻某被控盗窃罪一案。法庭辩论时，我发表了下面这篇辩护词：

审判长、审判员：

我依法担任被告人喻某的辩护人，出庭为其被控盗窃一案提供辩护。

我认为，喻某是无罪的，理由如下：

一、从客观上看，不能证明喻某有盗窃行为

要认定被告人有罪，必须证明：第一，有犯罪事实；第二，犯罪行为由被告人实施。

本案中，确实有窃电事实的存在，但是，窃电行为是由谁实施的呢？不能证明。

在公诉机关移送给人民法院的证据中，证明窃电行为由谁实施的证据只有证人许某的证言这个唯一的证据。所谓“唯一的证据”，也就是没有其他证据印证的孤证。《中华人民共和国刑事诉讼法》第四十二条第三款规定：“以上证据必须经过查证属实，才能作为定案的根据。”证据如何查证属实？只能是以其他客观证据与之相印证，在没有其他证据与之相印证的情况下，许某的证言这个孤证是绝对不能作为定案的依据的。

证据学理论和司法实践都认为，作为人言证据的证人证言与其他种类的证据相比，其真实性和稳定性都是最差的。开庭前，我也对许某进行了调查，而其所作陈述，就与公诉机关提供的材料完全相反。许某说：“我举报说我所职工余某、李某等多人与喻某勾结偷电的事不是事实，我从来没有听他们商量过如何偷电、如何分钱的事。我也没有看到喻某安装窃电设施。”在孤证也被证人自己推翻的情况下，还有什么理由认定被告人喻某实施了窃电的犯罪行为呢？

二、从主观上看，不能证明喻某有非法占有公私财物的目的

以“短接”方式窃取的电能，只能进入证人许某所在供电所，与任何单位用户或个人用户都没有关系。供电所是国有单位，其售电给用户的电费收入必须全部上交给县供电局，然后逐级上交

至省供电局，职工的工资与电费收入并不挂钩。这就是说，短接不短接，结果都是一样的，国家所有的电力资源并不会因为有了短接装置而流失，任何单位用户和个人用户都不能从短接行为中实现非法占有国家电力资源的目的。被告人作为一个具有电工知识的变电站工作人员，对这一点是非常清楚的。因此，我有充分的理由说，被告人喻某主观上不会有非法占有国家电力资源的犯罪目的。

所谓盗窃罪，是指以非法占有为目的，秘密窃取公私财物数额较大或者多次盗窃公私财物的行为。公诉机关指控被告人喻某犯有盗窃罪，但既不能证明喻某客观上实施了盗窃行为，又不能证明喻某主观上具有非法占有公私财物的犯罪故意，因而其指控是不能成立的。为维护被告人喻某的合法权益，辩护人郑重提请合议庭作出公正判决，宣告被告人喻某无罪。

以上意见，请予审议。

出庭公诉人认真听取了我的辩护意见，休庭时，我们再次口头交换意见，公诉人表示回去后会认真加以研究。

开庭后刚好一个月的 2005 年 1 月 26 日，我收到某县人民法院作出的刑事裁定书，其内容是：

某县人民检察院指控被告人喻某犯盗窃罪，于 2004 年 12 月 10 日向本院提起公诉。本院受理后，在诉讼过程中，某县人民检察院以事实、证据有变化要求撤回起诉。

本院认为，某县人民检察院要求撤回起诉的理由符合法律的规定，应予准许。依照《最高人民法院关于执行〈中华人民共和国刑事诉讼法〉若干问题的解释》第一百七十七条之规定，裁定如下：

准许某县人民检察院撤诉。

我的辩护意见得到了公诉机关的认同，公诉机关切实贯彻“以事实为依据，以法律为准绳”的诉讼原则，以撤回起诉的方式结束了本案的追诉程序。

2005年3月23日，某县人民检察院作出不起诉决定书，其内容是：

本案由某市公安局侦查终结，以盗窃罪移送某市人民检察院审查起诉，2004年7月22日某市人民检察院根据案件管辖的规定，决定本案由本院审查起诉。因案件的事实、证据情况，本院于2004年10月11日（11月12日补充侦查完毕）、2005年元月28日（2月18日补充侦查完毕）二次退回某市公安局补充侦查。

某市公安局移送审查起诉认定：2003年12月16日正值犯罪嫌疑人喻某单独一人在某变电站值班，利用值班之机，采取铜芯短接手段窃取该站工业柜、农业柜的电量，经人举报被某市供电公司与某市公安局刑警支队联合当场抓获。案后，经某市技术监督局检测，该天窃电量为9696kWh，价值3634.06元。

经本院审查并退回侦查机关补充侦查，本院认为某市公安局认定的犯罪事实不清、证据不足，不符合起诉条件。依照《中华人民共和国刑事诉讼法》第一百四十条第四款的规定，决定对喻某不起诉。

9

换把钥匙打开锁

——李某被控非法出具金融票证罪案

【基本案情】

李某，某银行启明星分理处记账员。

李某所在分理处有一存款客户名为邵某，所持存款凭据为留密存折。2001 年 12 月 11 日 14 时许，有人持谢某身份证来启明星分理处柜台请求办理储户姓名为邵某的金×借记卡，当班李某未认真审核申请办卡人所持身份证与邵某身份是否一致，违反银行有关规章制度，为办卡人办理了储户邵某金×借记卡。之后，邵某存款账户被人取走人民币 11 万元。得知自己账户发生资金短少情况后，邵某向公安机关报案，公安机关经立案侦查，认为李某的行为涉嫌非法出具金融票证罪，本案案发。

【案件经过】

本案由某区公安分局侦查终结，以李某涉嫌非法出具金融票证罪，于 2003 年 11 月 28 日向某区人民检察院移送审查起诉。该院经审查认为，李某身为银行工作人员，在办理业务中违反规定，未加核实即为他人出具金融票证，造成较大损失。其行为已触犯《中华人民共和国刑法》第一百八十八条之规定，犯罪事实清楚，证据确实充分，应当以非法出具金融票证罪追究其刑事责任。根据《中华人民共和国刑事诉讼法》第一百四十一条之规定，于2004年1月5日向某区人民法院提起公诉，请求人民法院以非法出具金融票证罪依法追究李某的刑事责任。

李某委托我担任辩护人。

根据罪刑法定原则，判断某一行为是否触犯刑法构成犯罪，可以从该行为与刑法规定罪状的对照中得到初步的答案。

《中华人民共和国刑法》第一百八十八条第一款对非法出具金融票证罪之罪状的规定是："银行或者其他金融机构的工作人员违反规定，为他人出具信用证或者其他保函、票据、存单、资信证明，情节严重……" 李某为他人出具的是借记卡，至少从字面上看，《中华人民共和国刑法》第一百八十八条第一款列明的犯罪对象是保函、票据、存单、资信证明，其中并不包含借记卡。

那么，借记卡是不是可以在法律意义上被理解为非法出具金融票证罪之罪状中的某个犯罪对象，例如"存单"呢？为此，我对刑法的立法情况和借记卡的产生情况进行了进一步的考察。

非法出具金融票证罪，是1997年《中华人民共和国刑法》规定的罪名。作为金融工具的借记卡，则是1997年《中华人民共和国刑法》公布施行之后才出现的新事物。1999年，中国人民银行发布《银行卡业务管理办法》，首次对“借记卡”作出定义，且将“借记卡”和“信用卡”共同归属于“银行卡”之中。

法律是调整社会关系的行为规范，因此，一定是社会关系中已经存在的事物对法律提出进行调整的需求，法律才会对其作出必要的回应，就像没有人会对世界上还未出现的体育项目制定竞赛规则一样。1997 年《中华人民共和国刑法》制定在先，借记卡出现在后，所以，借记卡并非《中华人民共和国刑法》第一百八十八条第一款规定所指的金融票证，《中华人民共和国刑法》第一百八十八条第一款对非法出具金融票证罪之罪状的规定，当然不能适用于违规开具借记卡的场合。

1997 年《中华人民共和国刑法》第三条规定：“法律明文规定为犯罪行为的，依照法律定罪处刑；法律没有明文规定为犯罪行为的，不得定罪处刑。”根据“法无明文不为罪”的刑法原则，在 2004 年 3 月 5 日的法庭审理中，我以前述理由为李某进行了无罪辩护。

2004 年 4 月 14 日，某区人民法院对本案作出判决。

某区人民法院查明认定了公诉机关指控且辩护人并无异议的案情事实。并认为：被告人李某身为银行工作人员，没有严格履行工作职责，违反银行办卡规定，在未核实办卡人身份证姓名与存折姓名是否相同的情况下，为办卡人出具了借记卡，造成较大经济损失，其行为已构成非法出具金融票证罪。辩护人提出的辩护意见与法律不符，不予采纳。鉴于被告人李某归案后赔偿全部经济损失，有悔罪表现，可酌情从轻处罚。据此，依照《中华人民共和国刑法》第一百八十八条第一款、第七十二条、第七十三条之规定，判决如下：

被告人李某犯非法出具金融票证罪，判处有期徒刑一年，缓刑二年。

一审判决没有采纳我的辩护意见。

李某不服一审判决，决定提出上诉。我也认为一审判决适用法律确有错误，因而支持他通过上诉争取无罪判决的机会。

我对照刑法规定重新审视自己一审辩护意见后，觉得自己的观点符合刑法的基本原则和刑法的具体规定，是正确的，应当在接下来的二审诉讼中继续坚持。但既然一审法院以“与法律不符”为由未予采纳，我是不是应该在坚持原辩护观点的基础上考虑得更全面、更深入一些呢？除了这一辩护观点以外，还能不能找到其他更有力更能被人接受的辩护观点呢？

结合案情细节，再读法律条文，一个新的辩护思路在我脑海里逐渐形成。

重温《中华人民共和国刑法》第一百八十八条第一款对非法出具金融票证罪之罪状的规定，可以看到，要构成此罪，除了要求有金融机构工作人员违反规定出具金融票证之客观方面的行为以外，还要求其行为要达到“情节严重”的程度。也就是说，即使违反规定出具了金融票证，但如果没有出现法定的严重情节，该行为也不能构成非法出具金融票证罪。而造成经济损失达到法定数额标准，是“情节严重”最主要的表现形式。

公诉机关指控李某的行为构成非法出具金融票证罪，其立论的基础就是李某违反规定出具了借记卡，并且该行为致使邵某存款账户被人支取人民币 11 万元，造成了较大损失，达到了“情节严重”的标准。一审法院的有罪判决也支持了公诉机关的这一指控。

暂且不考虑借记卡是不是属于《中华人民共和国刑法》第一百八十八条第一款规定的金融票证。行为造成后果，行为与后果之间存在法律上的因果关系，是追究行为人法律责任的必要条件。李某违规给他人开具了邵某名义的借记卡是事实，之后邵某存款账户被支取人民币 11 万元也是事实，有行为，有结果，对于追究李某非法出具金融票证罪的刑事责任来说，这样就够了吗？不够。我们还应当探究，邵某存款账户被人支取 11 万元的结果，是不是李某出具借记卡之行为造成的，二者之间，是不是存在法律上的因果关系。有没有这样的可能，是邵某自己支取了存款账户上的资金，或是邵某让人支取了其存款账户上的资金？邵某为自己的存款账户设置了六位数的取款密码，理论上无法被人破译，不知道密码的人，即使手上有借记卡，也无法从账户上支取存款。如果认定邵某存款账户上的资金是在邵某不知情的情况下被他人支取的，那这个人是怎么做到的？

因此，认定邵某存款账户资金在邵某不知情的情况下被他人支取，在证据上显然不能达到排他性的要求，让人产生“唯一如此”的内心确信。

如果说，论证借记卡是否属于金融票证还有较浓厚的金融专业理论色彩，一时让人难以接受，那么，刑法上的因果关系和证据排他性要求，则是司法工作者都能驾轻就熟地掌握的法理。在坚持一审辩护观点的同时，我在上诉时提出了这一观点，即认定李某出具借记卡的行为造成邵某存款账户资金损失 11 万元，在证据上不具有排他性，不能认定二者之间存在刑法上的因果关系，因而，李某的行为不能构成非法出具金融票证罪。据此，请求二审法院依法宣告李某无罪。

2004 年 5 月 22 日，某市中级人民法院依法公开开庭审理李某被控违法出具金融票证罪上诉一案，辩护人和出庭检察员各自发表了自己的意见，罪名成立与否依旧观点对立，但控方确实没能提供证据，以排除辩护人针对“是谁支取了邵某账户资金”这一问题提出的合理怀疑。

2004 年 5 月 24 日，某市中级人民法院作出刑事裁定书。

某市中级人民法院认为：原审判决认定上诉人李某犯非法出具金融票证罪事实不清，证据不足。据此，依照《中华人民共和国刑事诉讼法》第一百八十九条第三项之规定，裁定如下：

一、撤销某区人民法院刑事判决；

二、发回某区人民法院重新审判。

终审裁定认为原判事实不清，证据不足，这一认定给了我极大的鼓舞，我相信，希望的曙光就在前方。

某市中级人民法院裁定将本案发回重审后，原审法院另行组成合议庭，再次公开开庭审理李某被控非法出具金融票证罪一案。对“邵某账户发生 11 万元资金损失”的合理怀疑，以及“李某出具借记卡之行为与邵某账户资金损失之间是否存在刑法上的因果关系”，成为控辩双方攻防的焦点。但在整个庭审过程中，公诉人没有就上述问题提供新的证据。

2004 年 7 月 7 日，某区人民法院作出判决。在再次查明认定了公诉机关指控且辩护人并无异议的案情事实，评判了控辩双方的控辩证据和控辩理由之后，某区人民法院认为：被告人李某身为银行工作人员，违反银行办卡规定，在未核实办卡人身份证姓名与存折姓名是否一致的情况下为办卡人出具了金×借记卡……但本案未查清邵某存折账户的存款被何人盗走，且不能完全排除本案“被害人”邵某自己或委托他人支取 11 万元人民币事实存在。由于构成非法出具金融票证罪必须具备造成较大经济损失（之条件），而本案能够证明被告人的行为造成了较大经济损失的证据未达到排他性的“客观验证”。故本案事实不清，证据不足，公诉机关指控的犯罪依法不能成立，不予支持。辩护人提出的事实不清，证据不足的辩护意见成立，依法予以采纳。

某区人民法院依照《中华人民共和国刑事诉讼法》第一百六十二条第三项的规定，判决如下：

被告人李某无罪。

某区人民法院对李某作出无罪判决后，公诉机关不服，认为该判决认定事实有误，适用法律不当，判决被告人李某无罪确有错误，向某市中级人民法院提出抗诉。

公诉机关认为：第一，被告人李某违规办卡的行为致使该账户的真实户主某市陶瓷馆的存款被冒领11万元，造成了较大的经济损失。法院判决对被告人李某违规办卡致使存款被冒领的事实予以认定，对冒领的存款就是经济损失却不予认定，有悖情理，有违事实。

1. 邵某存折账户户主实为某市陶瓷馆，属公款私存，某市陶瓷馆对该账户的款项享有所有权。案发时某市陶瓷馆的报案报告、案发后某市纪检对该“小金库”账户的封缴，被告人李某经公安机关、某银行分理处将11万元赔付给某市陶瓷馆，均证明某市陶瓷馆存在着较大的经济损失。

2. 邵某是否监守自盗并不影响某市陶瓷馆存款被冒领因而蒙受经济损失的事实。法院判决认为“未查清邵某存折账户的存款被何人盗走，且不能完全排除其自己或委托他人支取11万元人民币事实存在”，因而推定“能够证明被告人的行为造成了较大经济损失的证据未达到排他性的‘客观验证’”，否定经济损失的存在，是混淆了存款的所有权。公款被冒领，某市陶瓷馆即失去了对该款的控制权，即使是邵某自盗或合谋冒领，该款已成为私款，某市陶瓷馆实际上存在了经济损失。

3. 本案依法追究的是被告人李某身为银行工作人员违规发卡造成经济损失的法律责任，邵某是否涉嫌犯罪与本案不是同一法律责任，属刑法分则规范的另一范畴，不影响本案的定罪量刑。

第二，本案在有充分证据证实被告人李某违规办卡，某市陶瓷馆蒙受损失，李某构成非法出具金融票证罪的情况下，法院以无法认定损失存在为理由，认为事实不清，证据不足，依照《中华人民共和国刑事诉讼法》第一百六十二条第三项之规定，判决被告人李某无罪，适用法律不当。

综上所述，某区人民法院认定事实有误，适用法律不当，被告人李某违规发卡，造成损失，其行为已触犯《中华人民共和国刑法》第一百八十八条之规定，构成非法出具金融票证罪。

抗诉机关在抗诉书中提出了一个新的事实，即以邵某名义开设的存款账户，所存资金是公款私存，账户资金的真正所有权人是某市陶瓷馆。尽管抗诉机关也不排除该账户中的11万元存在被名义存款人邵某自己支取或者被邵某与持卡人共同支取的可能，但实际受到损失的却是某市陶瓷馆。

立足于这一新的事实，抗诉机关认为，李某非法出具金融票证，造成某市陶瓷馆财产损失，依法应以非法出具金融票证罪定罪处刑。如果邵某参与实施了非法支取存款的行为，应构成刑法分则的其他犯罪，不影响李某非法出具金融票证罪之罪名的成立。

抗诉机关承认“账户资金存在被名义存款人邵某自己支取或者被邵某与持卡人共同支取的可能”，这是我一审辩护工作的可喜成果。在此基础上，再援引《储蓄条例》等金融法规的相关规定，反驳抗诉机关的抗诉理由就变得相对容易了。

2004年9月1日，某市中级人民法院公开开庭审理李某被控非法出具金融票证罪抗诉案。针对抗诉机关的抗诉理由，我以这样一段简短的辩护意见作出抗辩：

我国实行存款实名制，在存款合同法律关系中，合同主体就是存款人与接收存款的金融机构，存单上载明的存款人就是法定、唯一的所有权人，金融机构应当并且只能向存单上载明的存款人承担支付存款的合同义务，而存款的实际来源，不是金融机构在对存款人履行付款义务时需要考虑的问题。

抗诉机关也不能排除邵某账户资金被邵某自己支取之可能性的存在，因而不能证明李某出具借记卡与邵某账户资金被人支取之间存在刑法上的因果关系，"李某出具借记卡造成邵某账户资金损失"的判断不具有排他性，依法不能成立。

2004年9月23日，某市中级人民法院作出裁定。

某市中级人民法院认为：原审被告人李某身为银行工作人员，本应严格按照银行关于办理金×借记卡的规定为顾客出具借记卡，然而却在未核实办卡人所持身份证与存折姓名是否相同的情况下，为办卡人出具了金×借记卡，致使户名为邵某的存折账户被人支取人民币11万元属实。但办卡人的真实身份、其所持户名为邵某的存折如何取得、如何知晓该存折密码以及11万元款项最终被何人支取的事实均不清楚，而这些事实又都影响到对李某行为性质的认定。抗诉机关提供的证据不足以证明被告人李某的行为构成非法出具金融票证罪，提出的抗诉理由不能成立，不予支持。原判以本案事实不清，证据不足，指控的犯罪不能成立为由宣告被告人李某无罪是正确的，应予维持。

某市中级人民法院依照《中华人民共和国刑事诉讼法》第一百八十九条第一项之规定，裁定如下：

驳回抗诉，维持原判。

【办案心得】

回顾本案的辩护过程，有一个心得值得记录：即使坚信自己既有的辩护观点是正确的，也要在坚持原有观点的基础上寻找其他可能达到目的的辩护途径，换一把钥匙，也许能更快地打开门上的铁锁。

10

迎难而上

——袁某被控挪用公款罪案

【基本案情】

某区人民检察院起诉书认定袁某涉嫌挪用公款罪的事实是：被告人袁某担任某航空铸锻公司副总经理兼下属航天耐磨材料厂（以下简称材料厂）副厂长期间，于1995年10月，开始注册航天耐磨材料销售部（以下简称销售部），并与材料厂的同一客户某进出口公司做同类生意，于1995年11月22日，1996年3月22日、7月1日、9月10日与该进出口公司分别签订四份委托销售高铬球合同，各种规格的高铬球共计629吨，总价款3860911元。被告人袁某利用其担任某航空铸锻公司副总经理兼材料厂副厂长主管销售的职务之便，于1996年2月2日私自以材料厂的名义和某进出口公司签订了一份协议，主要内容是：（1）将材料厂与某进出口公司已签订的三份购销合同变成委托合同（改变了三份合同余款的付款时间）；（2）从1996年起材料厂以销售部的名义与某进出口公司签约；（3）某进出口公司于当天给材料厂安排70万元货款，其中50万元汇入材料厂，20万元汇入销售部。同年2月5日某进出口公司按该协议汇50万元给材料厂，次日汇20万元给销售部，被告人袁某将这20万元全部用于销售部的营利活动和支出。

1996年3月1日，被告人袁某又私自以材料厂和销售部的名义向某进出口公司出具两份证明，主要内容是：由于我厂机构调整化小核算单位，贵单位欠我厂货款（250余万元）汇入销售部。同日，被告人袁某又私自代表材料厂、销售部与某进出口公司签订一份补充合同，主要内容是：某进出口公司欠材料厂的货款191.4106万元待某进出口公司收到客户货款后，全部汇入材料厂所属的销售部账上。此后，某进出口公司从1996年3月19日至1997年2月向销售部共支付了十笔货款合计276万余元。被告人袁某将其中于1996年3月21日某进出口公司电汇货款41.11万元中的11.11万元全部用于其销售部的营利活动和开支。

【案件经过】

公诉机关认为：被告人袁某利用职务上的便利挪用公款，用于个人营利活动，情节严重，虽案发前已归还30万元，但其行为触犯了《中华人民共和国刑法》第三百八十四条的规定，犯罪事实清楚，证据确实充分，应当以挪用公款罪追究其刑事责任。从起诉书中可以看出，公诉机关认定袁某构成挪用公款罪的理由主要有二：

第一，担任某航空铸锻公司副总经理兼下属材料厂副厂长期间，其于1995年10月，开始注册销售部，并与材料厂的同一客户某进出口公司做同类生意。销售部为其“自己所办”。

第二，利用其担任某航空铸锻公司副总经理兼材料厂副厂长主管销售的职务之便，以材料厂名义与某进出口公司签订协议，将本应汇入材料厂的货款指定汇入销售部，用于销售部营利活动。

一审法院第二次判决袁某无罪。[①]

公诉机关提出抗诉，其主要观点是：

第一，设立销售部，与某进出口公司签订货款付给销售部的协议，都是袁某利用担任公司副总经理兼材料厂副厂长职务之便实施的；

第二，销售部的企业性质是袁某个人所有；

第三，与某进出口公司签订货款转付协议是袁某个人决定的。

在我接受辩护委托之前，本案已经历了两次无罪判决和两次抗诉。这个再次进入二审的案件，注定是一个棘手的难题。

通读案卷材料并与袁某深入交谈后，我认为，袁某的行为不能构成挪用公款罪，依法不应以挪用公款罪追究其刑事责任。而能不能用最简洁的文字对检察机关的抗诉意见作出有说服力的反驳并得到二审法院的采纳，关键在于辨明袁某的行为是不是“利用职务之便挪用公款归个人使用”这一问题。

所谓难题，就是一时没有方法解开的问题。而有了解决问题

---

① 2003年9月1日，某区人民法院对本案作出第一次判决，以“公诉机关指控被告人袁某犯挪用公款罪证据不足，指控的犯罪不成立”判决袁某无罪。

的方法，也就没有什么难题了。

2002 年 4 月 28 日，全国人民代表大会常务委员会发布《关于〈中华人民共和国刑法〉第三百八十四条第一款的解释》，规定了挪用公款归个人使用的三种情形：（1）将公款供本人、亲友或者其他自然人使用的；（2）以个人名义将公款供其他单位使用的；（3）个人决定以单位名义将公款供其他单位使用，谋取个人利益的。

袁某是否构成挪用公款罪，只要将其行为与上述立法解释相对照，就能得出令人信服的结论。2004 年 5 月 14 日，某市中级人民法院开庭审理公诉机关第二次提起抗诉的袁某被控挪用公款罪一案，在法庭上，我发表了下面这篇辩护词，以经庭审查明的证据证明的客观事实，与立法解释列明的挪用公款归个人使用三种情形逐一进行对照，无可辩驳地论证了袁某的行为不能构成挪用公款罪的辩护观点：

审判长、审判员：

我依法接受被告人袁某的委托，担任其二审辩护人，出席今天的法庭，履行辩护律师的职责，为袁某被控挪用公款一案提供辩护。现根据事实和法律，提出以下辩护意见，供合议庭参考：

我认为，袁某的行为不符合挪用公款罪的法定构成要件，一审判决宣告袁某无罪是正确的。

挪用公款罪在客观方面的特征是“利用职务之便挪用公款归个人使用”，全国人大常委会对这一特征作出了专门的立法解释：

“有下列情形之一的，属于挪用公款‘归个人使用’：

（1）将公款供本人、亲友或者其他自然人使用的；

（2）以个人名义将公款提供其他单位使用的；

（3）个人决定以单位名义将公款供其他单位使用，谋取个人利益的。”

为了证明我的辩护观点的正确性，现将袁某的行为与以上三种情形进行逐一对照：

使用材料厂货款的，是销售部这个法人单位，不是袁某本人、袁某的亲友或者其他自然人。本案事实与挪用公款“归个人使用”的第一种情形不符。

某进出口公司将支付给材料厂的货款汇给销售部供该部使用，是材料厂与某进出口公司通过协议商定的，袁某没有也不可能以个人名义让某进出口公司将支付给材料厂的货款汇给销售部使用，因为他不是材料厂的法定代表人，他没有权力作出这样的决定。本案事实与挪用公款“归个人使用”的第二种情形不符。

如前所述，将货款汇给销售部使用不是袁某个人决定的，并且，袁某也没有在使用这些货款时谋取其个人利益。本案事实与挪用公款“归个人使用”的第三种情形也不相符。

支持辩护人观点成立的证据，有两件就够了：

其一，工商行政管理机关的登记资料，证明：1996年，销售部是集体所有制的企业法人单位。

其二，某省高级人民法院民事判决书，证明：将支付给材料厂的货款汇给销售部，是材料厂与某进出口公司自愿协议商定的，不是袁某利用职务便利以个人名义决定的。

辩护人认为，袁某的行为不构成犯罪，抗诉机关的抗诉书不能从法定构成要件上证明袁某的行为构成挪用公款罪。为维护被告人袁某的合法权益，提请二审人民法院依法裁定驳回抗诉，维持原判。

2004年8月19日，某市中级人民法院作出裁定。

某市中级人民法院认为：原审被告人袁某于1996年2月2日以材料厂的名义与某进出口公司签订一份协议，同年3月1日以材料厂和销售部的名义向某进出口公司出具两份证明并签订了一份内容为两份证明所涵盖的补充合同，致使某进出口公司将应支付给材料厂的货款汇给了销售部的事实清楚，双方并无争议。但抗诉机关认为，销售部系袁某个人的企业，材料厂的货款被销售部用于营利活动，系袁某利用其职务上的便利挪用所致，袁某的行为构成挪用公款罪。经查，抗诉机关提供的相应证据证明的事实，与庭审查明的相关证据证明的事实互相矛盾。抗诉机关在现有的证据状况下指控原审被告人袁某利用职务上的便利，挪用公款用于个人营利活动，证据不足，抗诉理由不能成立。原判以证据不足，指控的犯罪不能成立而判决袁某无罪是正确的，应予维持。

某市中级人民法院依照《中华人民共和国刑事诉讼法》第一百八十九条第一项之规定，裁定如下：

驳回抗诉，维持原判。

本裁定为终审裁定。

11

两记耳光

——张某被控故意伤害罪案

【基本案情】

当事人张某，2001 年 12 月 5 日因涉嫌故意伤害罪被刑事拘留，同年 12 月 14 日由某区人民检察院不批准逮捕而变更强制措施为取保候审，2004 年 8 月 27 日又由该院批准逮捕，2005 年 3 月 11 日再由该院取保候审，同年 12 月 19 日由某区人民法院决定逮捕。

【案件经过】

某区人民法院审理某区人民检察院指控被告人张某犯故意伤害罪，附带民事诉讼原告人胡某提起附带民事诉讼一案，由他所律师担任张某的辩护人。

2006 年 3 月 31 日，某区人民法院作出刑事附带民事判决，认定被告人张某犯故意伤害罪，判处有期徒刑五年；并赔偿附带民事诉讼原告人胡某各项经济损失合计人民币 180385. 26 元。

被告人张某不服判决，其亲属委托我担任二审辩护人，为张某提出上诉。

经某区人民法院审理查明的案情事实是：2001 年 7 月 28 日 13 时许，被告人张某到理发店理发，听其岳母讲贾某修自行车堵在路口，影响通行。被告人张某即找到贾某让其将车移开，双方发生争吵。贾某之妻胡某也上前与被告人张某争吵。被告人张某打了胡某两记耳光，胡某也还了张某一记耳光，经群众劝架，纠纷结束。被害人胡某于 2001 年 8 月 2 日在某市中级人民法院法医处鉴定为轻微伤乙级。同年 11 月 28 日，某市公安局、人民检察院和中级人民法院联合对被害人胡某的伤情进行鉴定，确定为重伤。2004 年 2 月 18 日，被害人胡某由市中级人民法院司法技术处确定为重伤乙级，同年 9 月 23 日，被害人胡某的损伤定残为四级。

法医鉴定对被害人胡某重伤乙级、伤残四级之具体伤情的描述是：（枕部）头皮下血肿造成左侧颞顶叶低密度灶，左侧颞顶软化灶，左颞顶局部灶萎缩，右侧肢体肌肉萎缩，颅脑外伤后右侧肢体偏瘫。

经查阅案卷，会见被告人，学习医学典籍，请教法医专家，我注意到以下情况：

第一，枕部头皮下血肿必由钝物打击或撞击形成；

第二，张某打了胡某两记耳光是事实，但没有任何证据证明张某对胡某的枕部有伤害行为，纠纷中，胡某也没有碰墙或倒地情形；

第三，胡某丈夫贾某经常对胡某施暴，涉案纠纷发生之前，胡某就常因头痛、头晕之病症而就医用药。

案情事实和医学知识提示我，张某打了胡某两记耳光与胡某枕部头皮下血肿的形成没有因果关系，胡某枕部头皮下血肿的形成应该另有原因。刑法学理论认为，伤害行为与损害后果之间存在因果关系，是追究行为人刑事责任的必备条件，张某打胡某耳光的行为与胡某枕部头皮下出血的损害后果之间没有因果关系，依法不应当承担故意伤害的刑事责任。

我向二审合议庭提出了上述观点，得到了合议庭的重视。

2006年8月2日，某市中级人民法院作出刑事附带民事裁定书，以原判认定上诉人张某犯故意伤害罪事实不清，证据不足为由，裁定撤销原判，发回重审。

在重审本案的法庭上，我发表了以下辩护词：

审判长、审判员：

被告人张某被控故意伤害一案，某市中级人民法院以“原审认定张某犯故意伤害罪事实不清，证据不足”为由，裁定发回某区人民法院重审。我依法继续担任张某的辩护人，出席法庭，履行辩护律师的法定职责。现根据事实和法律，提出以下辩护意见，供合议庭参考：

一、张某的行为与胡某的损害后果之间没有因果关系

根据法医鉴定结论的认定，胡某的伤情为“右侧肢体偏瘫”，

其原因为“颅脑外伤”。根据医生的诊断和法医的检验，胡某的颅脑外伤指的是后枕部的3cm×3cm×3cm血肿。

根据法医学的一般原理，胡某的颅脑外伤即后枕部的头皮血肿，必定由外力打击（或撞击）造成。

本案经某区人民法院一审审理查明：“被告人张某打了胡某两记耳光，胡某也还了张某一记耳光，经群众劝架，纠纷结束。”对于这一认定，公诉机关未提出抗诉，被害人及其诉讼代理人未提出上诉，足见其与客观事实相符。

在张某与胡某发生纠纷的全过程中，胡某的后枕部没有受到打击或撞击。张某只在胡某脸部打了两记耳光，这样的行为绝对不能造成胡某后枕部的头皮血肿，因此，张某的行为也就绝对不是胡某颅脑外伤之损害后果的原因。

行为与结果没有因果关系，行为人就不应当对结果承担责任，因此，张某是无罪的。

二、胡某的丈夫贾某经常对胡某施以暴力，胡某所受伤害极有可能就是贾某造成的

公安机关在对本案进行侦查时，收集到以下证据：证人窦某证言（见侦查卷二第13～14页），证人苏某证言（见侦查卷二第15～16页），证人梁某证言（见侦查卷二第19～21页），证人姜某证言（见侦查卷二第27～29页），证人王某证言（见侦查卷二第30～31页）。

上述证据证明：在张某与胡某发生纠纷之前，贾某经常不分

工具、不论部位、不计后果地毒打胡某，胡某头痛、头晕的症状已然存在。据此，辩护人有理由认为：胡某的颅脑外伤极有可能就是其丈夫贾某造成的。

胡某的颅脑外伤不可能是张某造成的，相反，极有可能就是贾某实施家庭暴力的结果。在这样的情况下，让张某对胡某的损害后果承担刑事责任，代表公平正义的司法活动就极有可能成为为恶人掩盖罪行讹诈良善的工具，这当然是我们都不愿意看到的结果。

三、张某依法应判无罪

某市中级人民法院终审裁定认为："原审认定上诉人张某犯故意伤害罪事实不清，证据不足"，据此撤销原审对张某的有罪判决，发回重审。重审开庭时，公诉人明确表示没有新的证据，被害人及其代理人也未提供新的证据。"认定张某犯故意伤害罪事实不清，证据不足"的状态依然如故。

《中华人民共和国刑事诉讼法》第一百六十二条第三项规定："证据不足，不能认定被告人有罪的，应当作出证据不足、指控的犯罪不能成立的无罪判决。"为维护被告人张某的合法权益，辩护人提请合议庭公正判决，依法宣告张某无罪。

2006年10月25日，某区人民法院作出刑事附带民事判决书。

某区人民法院经重审认为：被害人胡某重伤的形成是头皮下血肿造成左侧颞顶叶低密度灶，左侧颞顶软化灶，左颞顶局部灶萎缩，右侧肢体肌肉萎缩，颅脑外伤后右侧肢体偏瘫。但公诉机关在庭审中未提供直接证据证实被害人胡某枕部头皮下血肿是被告人张某打击造成，且A医院《人身伤害司法医学鉴定报告书》与B医院的原始病历存在矛盾。被害人胡某受伤后在B医院治疗，治疗后该院的病案记载：“左侧颞顶叶软块、脑震荡，枕部头皮血肿在出院时均治愈。”A医院《人身伤害司法医学鉴定报告书》鉴定结论为：颅脑外伤偏瘫。二者之间存在矛盾。而市公安局、市人民检察院、市中级人民法院三家法医所作的《联合法医学鉴定书》依据来自A医院《人身伤害司法医学鉴定报告书》，A医院《人身伤害司法医学鉴定报告书》与B医院的原始病历存在的矛盾和疑点未能排除。有矛盾和疑点的证据不能作为被告人张某伤害被害人胡某重伤结果的依据……故本案事实不清，证据不足，公诉机关指控的罪名不能成立，不予支持。

某区人民法院判决如下：

宣告被告人张某无罪。

某区人民检察院提出抗诉，认为：认定被告人张某犯故意伤害罪的事实有被害人陈述、证人证言、法医鉴定结论、被告人供述予以证实，各证据相互印证，并形成了完整的证据链。原审判决宣告被告人张某无罪确有错误。

案件因抗诉进入二审，我接受张某委托继续担任辩护人参与诉讼活动。

庭审中，某市人民检察院指派的出庭检察员支持某区人民检察院的抗诉意见。其认为，本案证据虽稍有欠缺，但原审被告人张某打被害人两记耳光并将被害人打倒在地是事实，被害人当天入院治疗也是事实，在没有证据排除两记耳光不能形成血肿的情况下，认定被告人的行为与伤害结果之间的因果关系是成立的。

出庭检察员的意见可以归纳为两点：第一，张某两记耳光将被害人胡某打倒在地；第二，没有证据排除打耳光与形成血肿之间存在因果关系。

出庭检察员第一点意见的潜台词是：胡某被张某两记耳光打倒在地，可以造成（至少是可能造成）其枕部对地面的撞击形成血肿。这一点，其实在一审时就已经被证据所否定，在没有新的证据予以支持的情况下，不能对辩护人辩护意见的成立构成实际的威胁。

出庭检察员第二点意见的潜台词是：打耳光可以形成（至少是可能形成）枕部血肿。

对于这一点，我已经有预案准备。

前已述及，接受当事人委托后，我为即将进行的辩护做了充分的准备：查阅案卷，会见被告人，学习医学典籍，请教法医专家，等等。在了解案情、学习医学知识的基础上，确立了我为张某作无罪辩护的核心支柱——张某只在胡某脸部打了两记耳光，这样的行为绝对不能造成胡某后枕部的头皮血肿。

尽管我的意见是在学习医学知识、请教法医专家的基础上提出的，并非常自信这样的意见是科学、正确的，但这毕竟还只是我的个人意见，而我并不是医学（法医学）专家，我也不能要求法官成为医学（法医学）专家，我必须提供专业、权威的证据，让我的辩护观点转化为法官的内心确信。为此，我在二审开庭前向法庭提出通知法医鉴定人出庭的申请，得到法庭的许可。

二审开庭，法庭调查最后一个环节，我请求审判长传唤在本案公检法联合法医鉴定书上签名的法院法医鉴定人到庭。以下是我和出庭法医鉴定人的问答实录：

问：公检法联合法医鉴定书的鉴定结论为“胡某因颅脑外伤后右侧肢体偏瘫，属重伤”。请问：这里所说的“颅脑外伤”是不是鉴定书“检验所见”部分记载的“枕部头皮血肿”，亦即枕部的“3cm×3cm×3cm头皮血肿”？

答：是的。

问：请问：从法医学的角度说，“枕部头皮血肿”的形成原因有哪些？

答：一定力量的钝物接触。

问：仅仅在脸上打两记耳光，能否出现“枕部3cm×3cm×3cm头皮血肿”？

答：绝对不会。

我在法庭上与法医鉴定人之间的问答，是没有法医学知识的人也能听懂的——被人在脸部打两记耳光，不会出现枕部头皮血肿的后果！

2007年6月14日，某市中级人民法院作出刑事裁定书。

某市中级人民法院认为：

原审被告人张某于2001年7月28日13时许与被害人胡某夫妇因修自行车占道一事发生争执，争执中原审被告人张某打了被害人胡某两记耳光，胡某也打了张某一记耳光，被害人胡某被打后入院治疗，后被害人胡某右侧肢体出现偏瘫，经法医鉴定为重伤乙级的事实存在。但本案认定被害人胡某右侧肢体出现偏瘫系原审被告人张某行为所致的证据不充分，理由是：第一，被害人胡某右侧肢体出现偏瘫系因枕部头皮下血肿、左侧颞顶叶低密度灶、左侧颞顶叶脑梗和颞顶叶脑软化、左颞顶局部灶萎缩所导致的，本案没有充分的证据证实原审被告人张某打了被害人胡某枕部，虽然被害人胡某及其丈夫贾某证实原审被告人张某打了被害人的后脑部位，但原审被告人张某对此一直予以否认，当时在场的多位目击证人均未证实原审被告人张某打了被害人枕部，也没有证据表明被害人胡某被打后倒地时枕部着地的事实。被害人胡某枕部头皮下血肿是如何形成的，事实不清。第二，本案有证据证实被害人胡某在案发前就经常头晕、吃治头痛的药，法医在出庭时亦证实被害人胡某原来就有脑萎缩，被害人胡某左侧颞顶叶低密度灶和软化灶是案发前就存在，还是案发后才形成的事实不清，证据不足。因此，本案缺乏确实、充分的证据来证实原审被告人张某的行为与被害人胡某的重伤后果之间存在直接的因果关系，不能排除被害人胡某左侧颞顶叶低密度灶和软化灶在案发之前即已存在，系因其他原因所导致的可能性，本案现有证据不能形成完整的证据链，不具有排他性。抗诉机关的抗诉理由不能成立，不予采纳。被告人的辩解及辩护人的辩护意见可予采纳。原判在认定事实及适用法律上均无错误，应予维持。

某市中级人民法院依照《中华人民共和国刑事诉讼法》第一百八十九条第一项之规定，裁定如下：

驳回抗诉，维持原判。

本裁定为终审裁定。

12

断　链

——余某被控交通肇事（逃逸致人死亡）罪案

【基本案情】

1999年8月30日晚，余某酒后驾驶车辆由某山前往甲市区，途中因故将车掉头，在经过A地段时，撞到骑自行车的许某，致使许某从车上摔倒在地，头部着地受伤，当即被人送往医院救治，于次日死亡。余某肇事后开车逃离现场，当逃到B地段时，又将在公路边行走的万某撞倒在地，造成万某伤残九级的后果。而后，余某再次开车逃离现场，直至2000年3月在外地被抓获归案。

【案件经过】

余某酒后驾驶机动车先后撞倒许某、万某是事实，撞人后逃离现场是事实，许某经医院抢救无效后死亡、万某身受重伤也是事实。某区人民检察院据此以涉嫌交通肇事罪对余某提起公诉，起诉书指控：被告人余某酒后驾车二次交通肇事后逃逸，并导致一人死亡、一人重伤的后果，其行为触犯了《中华人民共和国刑法》第一百三十三条之规定，构成交通肇事罪。

某区人民法院经审理认为：被告人余某酒后驾车，造成一死一伤的严重交通事故，并逃逸，其行为已构成交通肇事罪，公诉机关指控的罪名成立。遂于2000年6月28日作出如下判决：

被告人余某犯交通事故罪，判处有期徒刑九年。

《中华人民共和国刑法》第一百三十三条规定："违反交通运输管理法规，因而发生重大事故，致人重伤、死亡或者使公私财产遭受重大损失的，处三年以下有期徒刑或者拘役；交通运输肇事后逃逸或者有其他特别恶劣情节的，处三年以上七年以下有期徒刑；因逃逸致人死亡的，处七年以上有期徒刑。"该条规定将交通肇事罪的处刑规格由轻到重依次确定为三年以下有期徒刑或者拘役、三年以上七年以下有期徒刑和七年以上有期徒刑三档，余某被一审法院判处九年有期徒刑，对应的是情节最重的第三档，即"因逃逸致人死亡的，处七年以上有期徒刑"。也就是说，一审法院认定余某具有因逃逸致许某死亡的特别加重情节。

一审判决下达后，余某以量刑过重为由提出上诉。

余某委托我担任其二审的辩护人。

案卷材料提示，余某交通肇事后逃逸，被害人被撞后出现一死一重伤的严重后果，事实清楚，证据确实充分，这里没有辩点。

我把目光投向"因逃逸致人死亡"这句话。逃逸致人死亡，是一个前后相继、互为联系的因果关系链，是对"因逃逸而造成被害人不能得到及时救治，因没有得到及时救治而造成被害人死亡的结果”之情节的法律概括。就本案而言，这句话中前面的“逃逸”有了，后面的“死亡”有了，中间的连接词“致”会不会也有呢？如果没有，那么余某就不具备逃逸致人死亡的特别加重情节，他就只能在三年以上七年以下的量刑幅度内被判处刑罚，原判九年有期徒刑就应当予以改判了。

经全面考察案件证据特别是医院的病历记录之后，我发现，余某虽然肇事后逃逸，但被害人许某还是被他人及时送到了医院。入院之初，因并未出现伤情危重迹象，所以医生也未安排特殊检查和紧急治疗。入院一个小时后，情况突然发生变化，危重症状显现，医生立即安排脑部 CT（电子计算机断层扫描）检查，并采取紧急抢救措施，但终因抢救无效于第二天上午死亡。尽管余某肇事后逃逸，但另有他人将许某及时送到医院，其就医时间并未延误。也就是说，许某的死亡，并不是因没有得到及时治疗而造成的，肇事逃逸和死亡结果之间，缺了一个“致”字，“因逃逸致人死亡”的因果关系链，断了中间一环。

余某因其交通肇事行为且有肇事后逃逸之情节，应当受到相应的刑事处罚，但其犯罪情节对应的量刑幅度是三年以上七年以下有期徒刑，一审法院对其量刑九年有期徒刑，是错误认定案情事实基础上的法律适用错误，依法应予纠正。

2000 年 11 月 16 日，二审法院公开开庭审理余某被控交通肇事罪上诉案。为争取让余某得到罪、责、刑相适应的公正处理，我在二审法庭上发表了下面这篇辩护词：

审判长、审判员：

我依法担任上诉人余某的二审辩护人，出庭为其被控交通肇事一案提供辩护。

原审法院认定余某的行为构成交通肇事罪，判处其有期徒刑九年，对照《中华人民共和国刑法》第一百三十三条的规定，我们知道如此量刑是以余某具有“因逃逸致人死亡”这一法定特别加重情节为基础的。我认为，余某肇事逃逸属实但不具有“因逃逸致人死亡”的情节，原审判决因认定事实不清而造成适用法律不当，依法应予改判。

法律用语具有高度概括的特点，“因逃逸致人死亡”的完全表达形式应该是“因逃逸而延误救治时机导致被害人死亡”。逃逸—延误救治时机—被害人死亡，三者共同组成一条先后相继的因果关系链，其中，“逃逸”是“延误救治时机”的直接原因，而“延误救治时机”又是“被害人死亡”的直接原因。“延误救治时机”作为因果关系链的中间一环，是绝对不能缺少的。这一点很好证明，假定被害人受伤后得到了及时救治却没能摆脱死亡的命运，那么可以断定其原因不外有三：其一，救治条件受限；其二，救治措施不当；其三，被害人伤势过重。在此情况下，无论肇事者是否逃逸，结果都是一样的。这就是说，只要没有延误救治时机，逃逸就不能成为被害人死亡的原因。由此得出的结论是：没有“延误救治时机”的连接，“逃逸”与“被害人死亡”之间就不能形成因果关系，而没有这种因果关系，就不能让肇事者承担

“因逃逸致人死亡”的刑事责任。

在本案中，被害人的救治时机有没有被延误呢？根本没有。为了便于说明，我将有关的时间点和相应情况列示如下：

时　间	状　况
1999年8月30日20：10	被害人许某被撞伤。
同日21：00	许某已入院接受治疗，此时许某神志清醒，无昏迷、健忘等症状，能自诉伤情，初诊结果为：(1) 头部外伤；(2) 多处软组织挫伤。
同日22：00	许某突然呕吐两次后由神志清醒转呈昏睡状态，医嘱CT检查并做好手术准备。
同日23：50	CT检查显示：(1) 硬膜外血肿（量85ml）；(2) 脑干损伤。
次日00：15~02：30	急诊手术作硬膜外血肿清除术。
同日09：00	医嘱加强昏迷护理。
同日11：00	许某心脏骤停，经抢救后又出现心跳。
同日11：07	许某经抢救无效死亡。

通过上面的列示不难看出，1999年8月30日22：00是许某伤情变化的转折点，在此之前，致命伤的典型症状尚未显现出来，因而许某虽已入住医院但医生却并没有安排对其进行特殊检查，当然也就不会采取任何抢救措施了。既然许某在严重症状出现之前就已入住医院，其伤情变化受到了医生的“密切观察”，治疗计划有医生的周密安排（见病案摘录），那么，“延误救治时机”自然也就无从谈起了。

在法庭辩论中，公诉人提出：如果上诉人余某在肇事后能尽快把被害人送进医院，让其及早接受CT检查，被害人死亡的结果也许就不会出现了。我们认为，这种观点是错误的。患者入院之后，检查方式的确定和治疗措施的安排是由医生决定的，假设许某受伤后立即就被送入医院，中间并无一刻耽搁，本案的结果会是两样的吗？当然不会。不管许某多早入院，其严重症状都只能出现在固定的时刻（许某硬膜外出血量达到85ml是一定时间内积累的结果），而在严重症状出现之前，医生并不会安排CT检查，更不会（也没有必要）进行抢救。事实上，许某21：00已经入院，到22：00才出现严重症状，在此前长达一个小时的时间里，院方并没有安排对许某进行CT检查就是最好的证明。在严重症状出现之后，医院及时对许某进行了全力的抢救，但死亡结果并未因之得以幸免，这足以说明，许某死亡结果的原因并不是延误了救治时机。

前已证明，没有“延误救治时机”的连接，“逃逸”与“被害人死亡”之间就不能形成因果关系，本案在客观上并没有出现“延误救治时机”的情况，余某的逃逸与许某的死亡之间不存在因果关系，因此，依法不应让余某承担“因逃逸致人死亡”的刑事责任。

为维护被告人的合法权益，维护法律的正确实施，提请合议庭依法改判，在三年以上七年以下有期徒刑的幅度内对余某处以刑罚，以示法律之公正。

以上意见，请予审议。

2001年1月，某市中级人民法院对余某被控交通肇事（逃逸致人死亡）案作出终审判决。

某市中级人民法院经审查认定：一审法院认定被告人余某交通肇事后逃逸属实，但认定因逃逸致人死亡不当。公安交警部门出具的材料表明事故发生后9分钟交警赶到现场进行勘查，死者许某案发当日21时在医院就诊，自诉被撞经过，医院根据初步诊断未采取特殊治疗措施，直至23时50分对其作CT检查，8月31日0时15分进行手术。根据现有证据，本案中被告人余某的逃逸行为与被害人许某的死亡结果之间不具有直接的因果关系。也就是说许某的死亡并不是由于余某逃逸得不到救助的原因所造成的后果。

某市中级人民法院认为：被告人余某酒后驾车，造成一死一伤的重大交通事故发生，且肇事后逃逸，其行为已构成交通肇事罪。但是原审人民法院认定被告人余某"因逃逸致人死亡"这一情节证据不足，不能成立。其辩护人提出的二审辩护意见成立，予以采纳。

某市中级人民法院依照《中华人民共和国刑法》第一百三十三条、第三十六条第一款和《中华人民共和国刑事诉讼法》第一百八十九条第二项之规定，判决如下：

一、维持某区人民法院刑事判决中对被告人余某的定罪部分；

二、撤销某区人民法院刑事判决中对被告人余某的量刑部分；

三、改判上诉人（原审被告人）余某犯交通肇事罪，判处有期徒刑六年（刑期从判决执行之日起计算，判决执行以前先行羁押的，羁押一日折抵刑期一日，自2000年3月23日起至2006年3月22日止）。

本判决为终审判决。

13

不能证明的“指使”

——刘乙被控交通肇事罪案

【基本案情】

被告人刘乙，个体汽车长途客运从业者。

被告人戴某，个体司机，受雇于刘乙之父刘甲。

2004年3月20日6时许，戴某驾驶大客车（车主为刘甲）与刘乙一起在甲市都建公司装客后，途经某路段时，违规左向转弯将行人徐某撞伤，刘乙立刻将车移开现场，倒至正常行驶位置。随后两人一起打出租车将伤者送到医院住院部大厅的椅子上，戴某按门铃唤醒CT室里值班医生后，二人离开医院，刘乙驾驶事故车辆逃离现场，戴某借自行车逃离现场。徐某后经抢救无效于次日22时许死亡。同月25日，刘乙、戴某被抓获。

【案件经过】

本案由某市公安局侦查终结，以犯罪嫌疑人戴某、刘乙涉嫌交通肇事罪于2004年5月14日向某区人民检察院移送审查起诉。

其间，因部分事实不清，证据不足，退回公安机关补充侦查一次。

经审查，公诉机关认为：戴某违反交通规则，撞伤他人之后，不积极采取措施抢救伤者；刘乙指使戴某逃逸，并亲自驾车逃离现场，致使伤者死亡的严重后果。二人的行为触犯了《中华人民共和国刑法》第一百三十三条之规定，犯罪事实清楚，证据确实充分，应当以交通肇事（因逃逸致人死亡）罪追究其刑事责任。遂于2004年7月16日向某区人民法院提起公诉。

刘乙委托我担任辩护人。

案情提示，违章驾驶机动车撞倒徐某的是戴某，刘乙虽是随车乘务人员，但其本身并无交通肇事行为。

起诉书认定刘乙具有“指使戴某逃逸”的行为，并认为戴某的逃逸造成了徐某死亡的后果，这是公诉机关诉请人民法院追究刘乙交通肇事（因逃逸致人死亡）罪刑事责任的客观方面的理由。其法律依据是最高人民法院《关于审理交通肇事刑事案件具体应用法律若干问题的解释》第五条第二款的规定：“交通肇事后，单位主管人员、机动车辆所有人、承包人或者乘车人指使肇事人逃逸，致使被害人因得不到救助而死亡的，以交通肇事罪的共犯论处。”

通过查阅案卷材料，我注意到，公诉机关认定刘乙“指使戴某逃逸”的证据，只有戴某的供述和辩解。戴某的心理动机很好理解，但这样的说法毕竟没有其他证据与之相印证，属于证据学上的孤证。

我同时注意到有这样的事实情节记录在案卷材料中：徐某被撞倒之后，戴某与刘乙一起打出租车把徐某送到了医院住院部大厅，戴某按响值班医生门铃唤醒值班医生，二人才离开医院。徐某被戴某、刘乙二人送到医院后，医务人员对其进行了近四十个小时的抢救治疗，终因伤势过重而不治身亡。

刘乙只是肇事车辆的乘务人员，并不是肇事司机，要以交通肇事罪的共犯追究其刑事责任，按照上述最高人民法院司法解释的规定，须有不可缺一的两个前提条件：第一，戴某撞倒徐某后，刘乙有指使戴某逃逸的行为；第二，戴某逃逸致使徐某因得不到救助而死亡。

我认为，在本案证据能够证明的范围内，这两个前提条件都是不存在的。因此，以交通肇事（因逃逸致人死亡）罪的共犯追究刘乙的刑事责任，没有事实和法律依据。

立足于以上理由，我向公诉机关提出刘乙无罪的辩护意见，建议对其作出不起诉的处理。但最后我的意见没有得到公诉机关的采纳。

2004年8月13日，某区人民法院公开开庭审理戴某、刘乙被控交通肇事（因逃逸致人死亡）罪一案。法庭辩论中，我发表了下面这篇辩护词：

审判长、陪审员：

被告人刘乙因被某区人民检察院指控犯有交通肇事罪，委托我担任其辩护人，受江西泰方律师事务所的指派，我依法出席今天的法庭，为刘乙提供辩护。现根据事实和法律，提出如下辩护意见，供合议庭参考：

在本案中，违章驾车造成一人死亡的重大交通事故的肇事人是被告人戴某，被告人刘乙并不是交通事故的肇事人而只是肇事车辆的一名乘务人员。最高人民法院《关于审理交通肇事刑事案件具体应用法律若干问题的解释》第五条第二款规定：“交通肇事后，单位主管人员、机动车辆所有人、承包人或者乘车人指使肇事人逃逸，致使被害人因得不到救助而死亡的，以交通肇事罪的共犯论处。”根据这一规定，要以交通肇事罪（共犯）追究刘乙的刑事责任，必须具备两个前提条件：其一，刘乙在戴某肇事后指使戴某逃逸；其二，由于戴某的逃逸，致使被害人徐某得不到救助而死亡。

我认为，上述追究刘乙刑事责任的两个前提条件都是不存在的。

一、刘乙没有指使戴某逃逸

在公诉机关提供的主要证据中，除了被告人戴某的辩解外，没有其他证据证明刘乙指使戴某逃逸。相反，证人张某、江某均证明：刘乙并没有指使戴某逃逸，而是让戴某到医院去看伤者徐某。

接受辩护委托后，我也依法进行了必要的调查。肇事车辆的乘客江某向我证明：没有听见刘乙叫司机（戴某）逃跑的话。另一名乘客张某也向我证明刘乙没有叫司机（戴某）逃跑。

法律规定，任何证据都必须经过查证属实才能作为定案的依据。证据如何查实？其基本的方法就是以其他客观证据与之相印证。没有其他证据与之相印证的孤证，是绝对不可作为定案依据的。

本案中，除了被告人戴某的辩解外，没有其他证据证明刘乙指使戴某逃逸。这就是说，以交通肇事罪（共犯）追究刘乙刑事责任的第一个前提条件是不存在的。

二、戴某不具有“因逃逸致人死亡”的情节

最高人民法院《关于审理交通肇事刑事案件具体应用法律若干问题的解释》第五条第一款规定：“‘因逃逸致人死亡’，是指行为人在交通肇事后为逃避法律追究而逃跑，致使被害人因得不到救助而死亡的情形。”而本案的情况是：戴某于2004年3月20日6时撞伤徐某，当即就与刘乙一起将徐某送至医院，并按CT室门铃唤醒了值班医生。戴某是在帮助徐某获得了救助机会之后才逃逸的。公安机关经调查认定：“伤者徐某经医院抢救无效，于2004年3月21日22时许死亡”，这说明，被害人徐某并不是“因得不到救助而死亡”的。戴某、刘乙帮助徐某获得了救助，徐某在医院抢救治疗近四十个小时，最终因伤势过重抢救无效而死亡，戴某的逃逸行为并不是徐某死亡结果的原因，依法不应承担“因逃逸致人死亡”的加重责任。

综上所述，我认为，由于刘乙并未指使肇事人戴某逃逸，且戴某的逃逸行为不是被害人徐某死亡结果的原因，因此，以交通肇事罪（共犯）追究刘乙的刑事责任也就没有事实和法律依据。为维护刘乙的合法权益，辩护人提请合议庭依法宣告被告人刘乙无罪。

以上意见，请予审议。

2004年10月15日，某区人民法院对本案作出一审判决。

某区人民法院认为：被告人戴某违反交通法规，撞伤他人后，将伤者送往医院，未等到伤者得到医生救助便逃离现场，致使伤者因抢救无效死亡，其行为已构成交通肇事罪（因逃逸致人死亡）。公诉机关的指控成立。公诉机关还指控被告人刘乙在被告人戴某交通肇事后，指使被告人戴某逃离现场，被告人刘乙的行为构成交通肇事罪的共犯，证据仅为被告人戴某的供述，无其他旁证印证，故该指控证据不充分，不予采信……被告人刘乙的辩护人提出戴某不具有“因逃逸致人死亡”情节的辩护意见，亦与庭审调查的事实不符，不予采信。其他辩护意见基本与庭审调查的事实相符，可采信。

据此，某区人民法院依据《中华人民共和国刑法》第一百三十三条和《中华人民共和国刑事诉讼法》第一百六十二条第三项之规定，判决如下：

一、被告人戴某犯交通肇事罪，判处有期徒刑七年；

二、被告人刘乙无罪。

宣判后，公诉机关不服一审判决，向某市中级人民法院提出抗诉。抗诉书认为：第一，刘乙指使戴某逃逸证据确实充分。

1. 戴某的供述，证实刘乙指使戴某逃逸现场；2. 刘乙的供述，发现车子压到人后，自己马上移动车子到医院门口，改变肇事车位置且从医院回来亲自驾车逃离现场到西客站的事实；3. 证人曹某的证言，证明刘乙编造谎言隐瞒肇事真相要求开车的事实；4. 当庭确认采信的肇事车保险的证明材料；5. 刘丙、刘甲的证言，证明刘家去年曾出过一次交通事故赔偿十五六万元的事实（这一事实刘乙本人在庭审中也有供述）。以上证据均能相互吻合，印证戴某所说的刘乙指使其逃逸的事实。第二，一审法院庭审中还有经庭审质证并确认的两份证据：第一份是肇事车发生事故时没有保险的材料；第二份是出庭证人刘丙的证言，其称看到刘乙先开车离开现场，戴某骑车后走的事实。这两份旁证都不同程度地从不同侧面证明了作为车主雇主方的刘乙亲自驾车逃逸和指使戴某逃逸的事实。

戴某不服一审判决，向某市中级人民法院提出上诉。戴某提出：1. 交通肇事后其逃逸行为与被害人之死没有直接因果关系；2. 交通肇事后其逃逸行为是在车主刘乙的指使、策划下被动完成的。据此要求改判。

刘乙对一审判决服判不上诉。二审中，刘乙以“原审被告人”身份参与诉讼，并委托我继续担任二审辩护人。

由于抗诉机关并未提供新的证据证明刘乙指使戴某逃逸，在二审法庭上，针对抗诉机关的抗诉理由，我以下面这篇简短的辩护词为刘乙作无罪辩护：

审判长、审判员：

我依法担任原审被告人刘乙的二审辩护人，出庭为其被控交通肇事罪一案提供辩护，现根据事实和法律，提出以下辩护意见，供合议庭参考：

原审判决认定公诉机关指控被告人刘乙指使被告人戴某肇事后逃逸的证据仅为戴某的供述，无其他旁证印证，故该指控证据不充分，不予采信。据此，宣告被告人刘乙无罪。我认为，原审法院对刘乙的无罪判决是完全正确的。

二审中，公诉人向法庭提供了十一组证据，但除了被告人戴某的供述以外，仍然没有任何其他证据能够证明刘乙有指使戴某逃逸的行为。相反，辩护人出示的证人江某、张某、刘丙的证言均能与刘乙的无罪辩解相印证，共同证明刘乙没有指使戴某逃逸。

原审判决认定事实清楚，适用法律正确，所作判决公正，依法应予维持。为维护被告人刘乙的合法权益，提请合议庭依法裁定驳回抗诉，维持原判。

以上意见，请予审议。

2004年12月30日，某市中级人民法院对本案作出终审判决。

某市中级人民法院认为：原审人民法院认定本案的事实清楚，证据确凿，定性准确，审判程序合法，某区人民检察院提出的抗诉理由，经查，本案中，除上诉人戴某供述是刘乙指使其逃逸的外，无其他证据证实，故其抗诉理由不能成立，不予支持。上诉人戴某上诉提出，其逃逸是在车主刘乙的指使策划下被动完成的，经查无证据证实，故对其上诉理由不予采纳。其上诉还提出，其逃逸行为与被害人之死没有直接因果关系。经查，被害人在被送到医院后，经治疗手术后于21日21时55分死亡，不应认定逃逸致人死亡，故其该上诉理由成立，应予采纳。

据此，某市中级人民法院依照《中华人民共和国刑法》第一百三十三条、《中华人民共和国刑事诉讼法》第一百六十二条第（三）项、第一百八十九条第（一）（二）项之规定，判决如下：

一、维持某区人民法院刑事判决书中第（二）项，即原审被告人刘乙无罪；

二、撤销某区人民法院刑事判决书中第（一）项，即被告人戴某犯交通肇事罪，判处有期徒刑七年；

三、上诉人戴某犯交通肇事罪，判处有期徒刑五年。

本判决为终审判决。

终审判决除维持了刘乙无罪的结果外，事实上也支持了我在一审时提出的另一个辩护观点，即戴某不具有“因逃逸致人死亡”的情节。

【办案心得】

我为刘乙提出了两点辩护意见，一审法院采纳了其中的第一点。指使肇事司机逃逸，以及肇事司机逃逸致使被害人得不到救助而死亡，是追究刘乙交通肇事罪共犯责任的两个前提条件，这两个条件缺一不可。因此，即使一审法院没有全部采纳我的辩护意见，我为刘乙作无罪辩护的目的仍然得以达成。

戴某撞倒徐某后，当即与刘乙一起将其送到了医院，徐某在医院接受了近四十个小时的救治，其死亡结果最终未能得以避免，原因是伤势过重而不是“得不到救助”。由于刘乙被判无罪，辩护目的已经实现，即使我的第二部分辩护意见没有得到采纳，也没有上诉的必要。

14

谁提走了这六台汽车

——樊某被控职务侵占罪案

【基本案情】

樊某，曾任飞机工业公司驻A销售站站长、飞机工业公司销售公司业务室主任。

20世纪90年代，飞机工业公司生产的微型汽车热销，产品销售点多面广，渠道复杂，账实不符、账账不符情况时有发生，公司纪委介入调查，认为樊某经手的业务中存在侵占公司财产的重大嫌疑，将线索移交某公安分局，经该局立案侦查，认为樊某涉嫌职务侵占罪且数额巨大，侦查终结后将案件移送某区人民检察院审查起诉。

【案件经过】

公诉机关审查认定以下事实：樊某于1994年下半年在飞机工业公司驻A销售站任站长期间，认识了无业人员边某一。1995年三四月，樊某利用其职务之便，以甲公司、乙公司的名义从飞机工业公司提出微型车六辆，给边某一销售。1995 年 5 月 17 日，边某一将该车款 26.58 万元，由其哥边某二的艺术拓展公司委托信托投资公司汇到飞机工业公司。樊某持该汇款委托书找到汽贸公司业务经理蒋某，并通过蒋某找到飞机工业公司财务人员徐某，谎称该购车款系艺术拓展公司购车，垫付证明待后补上，将该笔货款 26.58 万元全部转入汽贸公司，并从汽贸公司提走用该款所购车辆，据为己有。

公诉机关据此认为，樊某利用职务之便，将公司财产占为己有，数额巨大，其行为触犯了《中华人民共和国刑法》第二百七十一条之规定，构成职务侵占罪。遂向某区人民法院提起公诉。

樊某被公安机关立案侦查并被采取逮捕强制措施后，委托我担任其辩护人。

在看守所会见犯罪嫌疑人时，樊某坚决否认提走六台微型车的事实，他说："我没有要求徐某将艺术拓展公司汇来的购车款转给汽贸公司，更没有从汽贸公司提走六台微型车。"

经查阅案卷证据材料，我注意到：

第一，樊某利用职务之便借用业务单位名义发给边某一六台微型车，这是事实，但边某一售出六台微型车后已将相应货款汇给了飞机工业公司。在这个环节，不可能产生职务侵占行为。

第二，徐某是公司的财务人员，将边某一汇来的货款转给某汽贸公司，是徐某办理的，这是事实。但徐某陈述说是按照樊某的要求办理的，这一说法得到了某汽贸公司经理蒋某证言的支持。

这是一个辩护难点。

第三，货款 26.58 万元转给某汽贸公司，不会自动落进樊某的腰包。公诉机关认定，樊某侵吞公司财物的手段，是谎称转给某汽贸公司的 26.58 万元是公司的购车款，从某汽贸公司提走六台微型车据为己有。这一认定，有蒋某的证言予以支持。这是又一个辩护难点。

直觉告诉我，樊某既不是公司的负责人，也不是公司的财务主管，徐某仅凭樊某一句话就把公司的 26.58 万元巨款转给某汽贸公司不合常理。

但徐某和蒋某的证言互为支撑，如果他们的证言是虚假的，又如何找到证伪的切入点呢？我苦苦地思索了好长时间。有一天，案卷材料中的一个细节给了我灵感。

樊某之所以要利用职务之便，借用业务单位的名义从飞机工业公司提出六台微型车给边某一，是因为二人之间有着特殊的男女关系。边某一转手出售，可以赚到比一般经销商更高的利润。给边某一的六台微型车，总价 26.58 万元，每台单价为 4.43 万元。

某汽贸公司是微型车的普通经销商，不能享受飞机工业公司的特殊价格优惠，其经销微型车的进货单价必定高于 4.43 万元，某汽贸公司以单价 4.43 万元卖给樊某六台微型车，则必定是在做“亏本的买卖”。

循着这个思路，我查询了飞机工业公司 1995 年给经销商的同款汽车销售价，为每台 4.6 万元。某汽贸公司作为经销商从飞机工业公司购入汽车，适用的就是这个价格。

商人不会无缘无故高进低出做亏本买卖。蒋某是被公诉机关列入证据清单的控方证人，我决定利用法庭调查时蒋某出庭作证的机会，通过证明某汽贸公司价格倒挂的反常，来反证蒋某证言的虚假。

2003 年 12 月 4 日，某区人民法院公开开庭审理樊某被控职务侵占罪一案，法庭调查阶段，蒋某到庭作证。在公诉人发问之后，作为辩护人，我和蒋某有以下问答：

问：你跟樊某是不是只发生了这一次汽车购销？

答：是的。

问：提车需要什么手续？

答：飞机工业公司开给我的正式发票的提货联。

问：当时他有没有给你？

答：给了。

问：车是你给他的，还是谁给他的？

答：是他自己去提的。

问：作为公司经理，提车的票据是否应该有保留？

答：有。

问：你现在是否可以出示？

答：现在拿不出来。

问：你说这个车赚不到钱，你会不会亏本？

答：不会。

蒋某与樊某之间只有一次汽车购销的关系，自然不会做亏本的买卖，并且，蒋某当庭也明确表示“不会”亏本。但是，她竟然让樊某以4.43万元的价格买走她用4.6万元才能买进的汽车，而且一买就是六辆，一次交易，净亏10200元。这样的矛盾，无论如何也难以作出合理的解释。

徐某仅凭樊某一句话就把公司账上的巨款转给某汽贸公司，这不合常理；蒋某赔本卖车，这更不合常理。抓住这样的矛盾，我在法庭辩论时发表了以下辩护词：

审判长、审判员：

被告人樊某因被某区人民检察院指控犯有职务侵占罪，委托我担任辩护人，受江西泰方律师事务所的指派，我依法出席今天的法庭，履行辩护律师的职责。现根据事实和法律，提出如下辩护意见：

公诉机关认定樊某的犯罪事实是：樊某将边某一支付给飞机工业公司的货款26.58万元全部转入某汽贸公司，并从某汽贸公司提走该款所购汽车，占为己有。我认为，公诉机关的认定事实不清，证据不足，其指控依法不能成立。

1. 按照公诉机关的认定，边某一支付的货款汇入飞机工业公司的账户后，该公司财务处的徐某根据樊某的要求将该款全部转给了某汽贸公司。我注意到，上述情节除了蒋某和徐某的陈述外，没有其他证据予以证明。作为有着八年财务工作经验的专业会计，徐某应该对财务制度和财务纪律有充分的了解，徐某在出庭作证时明确了汇入飞机工业公司的26.58万元就是公司的财产，樊某既不是公司负责人，也不是财务主管，与徐某非亲非故又无利害关系，在未按规定办理财务审批手续的情况下，徐某凭什么冒着丢掉饭碗甚至被判刑坐牢的风险汇出26.58万元巨款去满足樊某的要求呢？这太不合乎逻辑了。徐某是违规转账的责任人，蒋某是收款单位的代表人，与本案有着明显的利害关系，二人有违常理且无其他客观证据印证的所谓证言，怎能作为定案的依据呢？

2. 公诉机关认定樊某从某汽贸公司提走用飞机工业公司转入的26.58万元货款所购车辆占为己有，与此有关的证据只有蒋某的证词这样一个孤证。就是这样一个孤证，其内容也是矛盾的。樊某被指控实施职务侵占的时间是1995年，当年飞机工业公司某型机的经销价为每台4.6万元（见飞机工业公司销售公司的证明）。蒋某在出庭作证时陈述说：给樊某的车不赚钱，但也绝不会亏本。但蒋某又说让樊某以26.58万元提走了六台汽车，平均每台4.43万元，比蒋某从飞机工业公司购进汽车的单价低了1700元。蒋某为此净亏了10200元。对于这样的矛盾，蒋某无论如何也无法作出令人信服的解释。由此不难看出，蒋某的证言是虚假的。孤证不能定案，是最基本的诉讼常识，公诉机关指控樊某将公司财产占为已有，依赖的就是一个虚假的孤证，毫无疑问，这样的指控是不能成立的。

为维护被告人樊某的合法权益，辩护人提请合议庭依照《中华人民共和国刑事诉讼法》第一百六十二条第三项之规定，对本案作出证据不足、指控的犯罪不能成立的无罪判决。

以上意见，请予审议。

一审法院没有采纳我的辩护意见。2003年12月24日，某区人民法院对本案作出一审判决。

某区人民法院认为：被告人樊某利用职务之便，将公司财产合计人民币26.58万元占为己有，数额巨大，其行为已构成职务侵占罪，公诉机关的指控成立。被告人樊某及其辩护人的辩护意见，与庭审调查的事实不符，不予采信。

据此，某区人民法院依据《中华人民共和国刑法》第十二条、第二百七十一条之规定，以樊某犯职务侵占罪判处其有期徒刑五年。

樊某不服一审判决，以自己没有侵占以公司货款所提汽车为由向某市中级人民法院提出上诉，并委托我继续担任其辩护人。

原审判决以存在明显而无法解释的矛盾的证人证言为定案依据对樊某定罪处刑，不能令人信服。二审中，我坚持以本案事实不清，证据不足作无罪辩护。

二审法院注意到我在辩护意见中提出的问题，以本案事实不清，证据不足为由，裁定将本案发回原审法院重新审判。

二审法院经审理也认为本案事实不清，证据不足，这让我在接下来的辩护工作中信心倍增。案件回到了原审法院，由另行组成的合议庭重新审判。我自信在原一审法庭上发表的辩护意见是正确的。没有得到合议庭法官的采纳，是不是因为我说得还不够透彻，还不够有力，还不足以让法官产生内心的确信？我能不能更进一步，让自己的辩护意见更完美，更具无可辩驳的逻辑力量？为此，我全面回顾了一审的过程，发现了一个令人兴奋的细节。

公诉机关指控樊某从某汽贸公司提走用公款所购六台汽车，据为己有。但据了解，在当时，经销商卖车的程序是：先与买车人订立购销合同，向买车人收取约定的购车款，再按照其与飞机工业公司约定的供货价格将相应货款付至飞机工业公司，该公司收款后开具增值税发票给经销商。发票一式五联，第一联是存根联，由飞机工业公司留存，第三联是记账联，由经销商用于财务记账，第二、四、五联分别是发票联、提货联和出门联，均应交给买车人。其中，发票联用于买车人证明自己是汽车的所有权人，凭票办理上牌、保险、保修等；提货联由买车人交给发货人，作提货凭证；出门联由买车人交给发货人，凭此联领取随车工具和配件备件。非常重要的一点是：向买车人发货的是飞机工业公司而不是某汽贸公司，公诉机关指控樊某从某汽贸公司提走用公款所购六台汽车，明显与客观事实不符。

樊某要提走六台汽车，则必须持有飞机工业公司开具的发票，除第二联的发票联自己留存外，第一、四、五联应该留存于飞机工业公司，第三联应该留存于某汽贸公司。

本案原一审开庭时，我已问过出庭作证的蒋某，一问一答中，除了得到她不会亏本卖车给樊某的肯定答复外，还得到了两个重要信息：第一，蒋某说樊某是向飞机工业公司提车而不是在某汽贸公司提车；第二，蒋某说其公司留存有发票的记账联。

财政部、国家档案局《会计档案管理办法》对会计凭证、会计档案的保管期限有不少于15年的强制性规定，1995年到2003年不过8年时间，如果樊某真的提走了六台汽车，则必定可以在飞机工业公司和某汽贸公司的财务档案中找到相应的发票。如果没有这些发票，则从反面证明了樊某根本就没有提车。

重审期间，我把这一思路告诉了主审法官和公诉人，但直到重审开庭，也没有看到有新的证据出现。

2004年9月17日，樊某被控职务侵占罪一案重审开庭，在法庭上，我按照前述辩护思路发表了下面这篇辩护词：

审判长、审判员：

被告人樊某被控职务侵占罪一案已由某市中级人民法院以“事实不清，证据不足”为由发回重审，我依法接受樊某的委托继续担任其辩护人。

我认为，樊某是无罪的，并且，我能够以充分的理由证明樊某是无罪的。

边某一通过艺术拓展公司委托信托投资公司汇给飞机工业公司购车货款26.58万元，飞机工业公司会计徐某在没有取得任何财务审批手续的情况下，将这笔货款转到了某汽贸公司的账上，这是本案的一个基本事实。

按照证人蒋某的说法，这笔货款到了某汽贸公司的账上后，蒋某又将其转付给飞机工业公司，帮樊某办理了购车手续，亲自将飞机工业公司开具的发票提车联交给了樊某，而发票联、记账联则由蒋某自己收执。

飞机工业公司的售车发票为一式五联的增值税发票，第一联是存根联，由飞机工业公司留存；第二联是发票联，交购车客户；第三联是记账联，作为财务记账凭证；第四联是提货联，用于提车；第五联是出门联，凭此联领取随车工具及配件备件。如果蒋某真的将前述 26.58 万元付给了飞机工业公司并帮樊某办理了购车手续，则至少可以在四个地方找到相关凭证：其一，飞机工业公司财务室应有存根联；其二，某汽贸公司应有记账联；其三，飞机工业公司成品库（××车间）应有提货联；其四，税务机关应有飞机工业公司提供的注明了发票号、购货人名称、数量、单价、总价、税款金额的购货清单，也就是飞机工业公司的完税凭证。

根据《会计档案管理办法》的规定，企业会计凭证中的原始凭证、记账凭证的保管期限为 15 年，税务机关会计档案中的完税凭证的保管期限也是 15 年，现在距 1995 年只有 9 年，但公安机关穷尽了一切手段却未能找到任何与本案有关的凭证。

如果蒋某的证言是真实的，那么我们应该可以看到前面所说的那些凭证；而我们根本就没有看到那些凭证，可见蒋某的证言都是骗人的谎言。

蒋某证言的虚假，还可以从以下无法解释的矛盾中得到证明：原审庭审中，蒋某出庭接受控辩双方的质证，辩护人问："你说这个车赚不到利润，你会不会亏本？”蒋某回答说：“不会。”（见原审庭审笔录）樊某被控实施职务侵占犯罪的时间是1995年，当年飞机工业公司某型机的经销价为每台4.6万元（见飞机工业公司销售公司的证明），蒋某让樊某以26.58万元货款提走了六台汽车，平均每台4.43万元，比蒋某从飞机工业公司购进汽车的单价低了1700元，蒋某为此净亏了10200元。按照蒋某的说法，她与樊某只发生过这唯一的一次业务关系，可以说是非亲非故，有谁会相信她辛辛苦苦卖出六台汽车不赚一分钱利润反而心甘情愿地承担超过万元的巨额亏损？

蒋某无疑在编造谎言，她为什么要说谎呢？答案其实很简单，徐某违反财务规定将26.58万元货款转到了蒋某所在的某汽贸公司，该公司没有合法根据占有了这笔货款，蒋某与徐某共同实施了违法转汇货款的行为，他们显然应当对飞机工业公司的经济损失承担责任。编造谎言以推卸责任，就是蒋某为什么要说谎的答案所在。

26.58万元货款转入了某汽贸公司，从此就没有了下文。根据上述事实，我可以断言：占有飞机工业公司26.58万元货款的是蒋某所在的某汽贸公司而不是我的当事人樊某。

审判长、审判员：中级人民法院的终审裁定认定原审对樊某的有罪判决“事实不清，证据不足”，本案被发回重审已半年有余，而公诉机关至今仍无法提供任何证明樊某有罪的证据。为维护被告人樊某的合法权益，辩护人提请合议庭尽快依法作出公正的判决，宣告樊某无罪。

以上意见，请予审议。

庭审结束后不久，公诉机关以“认定樊某犯职务侵占罪的部分事实不清，证据不足”为由，向原审法院提出撤诉申请，原审法院于 2004 年 10 月 10 日依法裁定，准予公诉机关撤回起诉。

被告人樊某随即被解除强制措施，恢复自由。

15

音乐会所的枪声

——魏某被控非法持有枪支罪案

【基本案情】

2008年3月5日，陈某高利放贷20万元给范某，范某到期无力偿还躲避不见，陈某找到范某的担保人查某要求其代偿其中10万元，查某又找到郑甲为自己提供担保，承诺同年5月5日前偿还10万元。过了两天，查某还给陈某4万元后也躲了起来。为此，陈某对郑甲十分不满，二人曾在医院门口发生正面冲突，陈某被打，于是怀恨在心，决意报复，遂纠集多人数次寻找郑甲，未果。

2008年6月20日晚，陈某同伙李某在某市音乐会所发现郑甲，当即电话告知陈某。陈某纠集李某、江某、游某、祝某、“军军”等人在音乐会所后门会合。陈某与李某等人约定：郑甲由陈某对付，李某等人负责控制郑甲身边的人，若有人反抗就开枪打。商量好后，陈某持一支五连发猎枪，李某持一支黑色仿六四式手枪，江某持一支银白色仿六四式手枪，祝某持一支用黑色胶带包好的仿六四式手枪，与“军军”一起来到音乐会所二楼A06包厢。陈某、李某、江某进入包厢内，陈某首先朝郑甲左腿开了一枪，将郑甲打倒在地，坐在沙发上的郑乙（系公安警察）站起身来意欲制止，李某见状立即朝郑乙腹部开了一枪，而后陈某等人逃离现场。

此次枪案，造成郑乙左髂外动脉破裂大出血，失血性休克死亡；造成郑甲轻伤甲级的严重后果。

案发后，陈某、李某、江某、游某等人先后被抓获，并以犯故意杀人罪被某市人民检察院起诉至某市中级人民法院，陈某同时被诉非法持有枪支罪。2009年12月18日，某市中级人民法院对该案作出判决，认定陈某、李某、江某、游某等人故意杀人罪名成立，分别处以死刑、死刑缓期二年执行、无期徒刑和七年有期徒刑；陈某同时被判非法持有枪支罪名成立，处有期徒刑四年。

关于涉案枪支的来源，判决书认定：“2008年4月，被告人江某从魏某处借来一支黑色仿六四式手枪，一直由被告人陈某保管。2008年6月20日晚，被告人李某持该枪击中被害人郑乙，造成郑乙失血性休克死亡。”魏某因此被列为非法持有枪支罪的犯罪嫌疑人。

2011年4月12日，魏某到某公安分局投案，称得知公安机关为枪支一事对其进行通缉，前来说明情况，但辩称自己并未有非法持有枪支的犯罪行为。当日，魏某被刑事拘留。

【案件经过】

魏某涉嫌非法持有枪支罪一案，由某公安分局侦查终结，于2011年6月28日移送某区人民检察院审查起诉。经审查，该院于2011年10月26日以魏某犯非法持有枪支罪向某区人民法院提起公诉。

起诉书认定：2008年4月的一天，被告人魏某开车带陈某（已处决）和江某（已判刑）到某宾馆时，拿出一把黑色的仿六四式手枪（枪内有三发子弹）给陈某、江某看，并将枪借给了江某。该枪于2008年6月20日晚在本市音乐会所由陈某一伙的李某（已判刑）持有将一公安民警打死。

经鉴定，该枪为法律意义上的枪支。

认定上述事实的证据如下：（1）被告人魏某供述；（2）同案人陈某、江某、游某等人证言及判决书；（3）公安机关扣押清单；（4）枪支鉴定结论书；（5）被告人魏某户籍材料。

根据以上认定的事实，公诉机关认为：被告人魏某违反国家有关枪支管理规定，非法持有枪支一支且造成一人死亡的严重后果，情节严重，其行为已触犯《中华人民共和国刑法》第一百二十八条第一款，犯罪事实清楚，证据确实充分，应当以非法持有枪支罪追究其刑事责任。

魏某委托我担任辩护人。

枪支是可以远距离致人死伤的武器，为了保护人民生命安全，国家历来对枪支采取最严厉的管制措施。魏某被控非法持有涉案枪支，且将其提供给陈某，成为杀害公安民警的凶器，造成极其严重的危害后果，如果被控罪名成立，必将受到从重处罚。

魏某是自动投案的，但一直坚持辩称自己与涉案枪支无关，没有犯罪却自动到公安机关投案，他的话可信吗？在侦查、审查起诉已经完成，案件被公诉机关认为“犯罪事实清楚、证据确实充分”并起诉到人民法院即将开庭审判的情况下，作为辩护人，还有帮助他澄清的机会吗？

刑事辩护，通常着眼于行为性质和行为事实的否定。如果涉案枪支确为魏某提供，其行为性质也就不存在否定的可能了。

因此，我把关注的重点放在了起诉书列明的证据上，看看能不能从行为事实上否定魏某的被控罪名。起诉书在叙述其认定的案件事实之后，列明了认定这些事实的证据，共有五组：第一组为被告人魏某的供述（辩解）；第二组为证明涉案枪支是由魏某所持有的证人证言和书证刑事判决书；第三组为书证扣押清单，证明涉案枪支在陈某等人犯罪案件发生后被公安机关扣押；第四组为鉴定结论，证明涉案枪支是法律意义上的枪支；第五组为书证户籍资料，证明被告人魏某的身份。可以看到，上列第三、四、五组证据对证明涉案枪支是否由魏某持有这一待证事实不具关联性，如果要为被告人魏某作无罪辩护，可以不用考虑。辩护重点，就集中在第一组、第二组证据上面。

查阅案卷材料，魏某共有六次讯问笔录，但其从未承认自己与涉案枪支有关。陈某被抓获后，供述称涉案枪支系由魏某提供；

江某被抓获后，曾供述称涉案枪支系由魏某提供，但公安机关办案人员在魏某到案后再向已在监狱服刑的江某进行核实，江某又说涉案枪支与魏某无关；游某被抓获后，多次供述中并未谈及涉案枪支的来源，魏某到案后，公安机关办案人员再向游某询问涉案枪支来源，其述称系由陈某提供。经过梳理排查，可以看出，在“人证”方面，对魏某不利的有罪证据只有陈某的口供。

再进一步细读案卷材料，我发现，陈某陈述关于枪支来源的案情细节，与几个同案人（如江某、游某、李某）所说的情况存在明显的矛盾。

最后，就剩下书证刑事判决书了。在审理陈某等人故意杀人、非法持有枪支案中，某市中级人民法院认定李某杀害公安民警郑乙的枪支系由魏某提供，并以刑事判决书确定了这一事实。

已为上级人民法院生效判决认定的事实，能够改变吗？

在魏某没有受到起诉的诉讼活动中认定魏某非法持有枪支的事实，等于预先认定了魏某非法持有枪支罪罪名成立，如果将其作为认定本案事实的依据，无异于在魏某没有参与的其他案件中预决了本案的结果，这事实上剥夺了魏某依法享有的申请回避权、陈述权、举证质证权、辩护辩论权等诉讼权利，明显违反了“未经人民法院依法审判不得认定任何人有罪”的原则。因此，已为人民法院在他案中认定的事实，即使认定该事实的法院是上级人民法院，也是完全可以通过本案的诉讼活动加以改变甚至推翻的。

2011 年 12 月 8 日，某区人民法院公开开庭审理魏某被控非法持有枪支罪一案。在法庭上，我以下面这篇辩护词为魏某进行辩护：

审判长、陪审员：

被告人魏某因被某区人民检察院指控犯有非法持有枪支罪，委托我担任其辩护人，受上海市广懋律师事务所指派，我依法出席今天的法庭，履行辩护律师的职责，为被告人魏某提供辩护。

我认为，起诉书关于被告人魏某"非法持有枪支一支且造成一人死亡的严重后果，情节严重"的指控，事实不清，证据不足，该指控依法不能成立。根据《中华人民共和国刑事诉讼法》第三十五条的规定，我在本案中的责任，就是为魏某作无罪辩护。现根据事实和法律，提出以下辩护意见，供合议庭参考：

公诉机关为了证明其指控成立，提供了5组证据，分别为：(1) 被告人魏某供述；(2) 同案人陈某、江某、游某等人证言及判决书；(3) 公安机关扣押清单；(4) 枪支鉴定结论书；(5) 被告人魏某户籍材料。其中，证据3、4、5与证明枪支是否由被告人魏某持有这一待证事实没有关联性，因此，我在下面着重考查证据1和证据2，看看这些证据能否证明被告人魏某非法持有枪支这一事实的存在。

一、关于被告人魏某的供述

被告人于2011年4月12日到案，之后共有6次供述和辩解记录在案，但始终没有一次有罪供述，因此，被告人魏某的供述和辩解应当归于无罪证据之列。

二、关于证人陈某的证言

证人陈某因故意杀人罪被捕后，确有从魏某处借得仿六四式手枪的陈述记录在案，因陈某已被处决，无法进行质证，其证言是否具有可采性，我会在后面结合其他证据提出意见。

三、关于证人江某的证言

证人江某因故意杀人罪被捕后，也确有陈某从魏某处借得仿六四式手枪的陈述记录在案。但在本案被告人魏某到案后，公安机关再向江某核实有关情况时，江某的证言发生了根本性的变化。江某证称，上述仿六四式手枪实与魏某无关。

四、关于证人游某的证言

三年前，证人游某因涉嫌故意杀人罪被捕后，其多次陈述并未涉及本案所涉枪支的出处。被告人魏某到案后，公安机关向游某询问有关情况，游某证称，涉案枪支都是陈某提供的。因此，游某的证言也应当归入无罪证据之列。

五、关于判决书

起诉书所列证据中的判决书，是指某市中级人民法院刑事判决书。该判决书认定："2008 年 4 月，江某从魏某处借来的一支仿六四式手枪也一直由陈某保管。"我们认为，判决书的上述认定不能成为确定被告人魏某有罪的依据，理由是：首先，未经审判不得确定任何人有罪是一项最基本的法治原则。在陈某等人故意杀人案件中，魏某不是当事人，当然不可能在这一案件中行使法律规定当事人享有的陈述权、举证权、质证权、辩论辩护权等诉讼权利，而没有这些法定权利的行使就不能定人有罪，则是上述法治原则的当然要求。其次，案情提示，判决书认定魏某出借枪支的证据只有陈某和江某的口供，前已述及，江某的证言已经发生了根本的变化，这就从根本上动摇了判决书认定相关事实的基础，因此，判决书也就当然不能成为确定被告人魏某有罪的依据。

经过梳理，我们可以看到，能够被称为有罪证据的只有已经无法质证的陈某证言以及江某翻供前的证言。证据学告诉我们，证人证言具有这样的特征，即证人由于某些利害关系的原因，会有意或无意地作虚假陈述，其客观性和稳定性差于其他种类的证据。因此，仅仅依赖证人证言定罪，错案风险极大。在对证人证言进行审查时，应当着重注意其是否稳定，是否一贯，是否存在自身矛盾以及相互间的矛盾，特别是在案情细节中的矛盾。在这些原则的指导下，我们来看看陈某和江某的证言：

第一，陈某已被处决，其证言无法对质。

第二，江某的证言已发生了根本的改变，其证据属性从有罪证据变成了无罪证据。

第三，陈某的证言与江某翻供前的证言在案情细节上存在着明显的矛盾。在说到枪支从魏某处转移至陈某处一节时，陈某说的是："今年4月的时候我和江某坐魏某的车到某宾馆后，魏某从车后备厢里拿出一把黑色仿六四式手枪给我们看，并问好看吗？"而江某说的则是："我和陈某两个人坐魏某的车子到某宾馆去玩，在车上，魏某就从副驾驶台的工具盒里拿出了一把黑色的仿六四式手枪，并对我讲‘这把枪好看吗?’”一说是从车尾的后备厢中拿出枪，一说是从车头的工具盒中拿出枪，矛盾明显，无法作出合理解释。

显而易见，陈某与江某的证言缺乏应有的稳定性、一贯性和不矛盾性，绝对不能作为认定魏某有罪的依据。

还有必要说明的是，江某证言的变化是其自主的结果，因为没有任何证据证明被告人魏某在江某被捕后与其有过接触和联络。

除以上证据外，我们还应当关注另一位证人李某的证言。李某在2008年6月25日接受讯问时说：“大概是2007年10月的一天，我在小飞（陈某）家里，小飞曾拿出一把用报纸包住的仿六四式手枪给我看，枪是铁色的，没有涂层，小飞说：‘这把枪要××元才可以买到’”。这证明，陈某所持仿六四式手枪确实另有来源，这也从另一个方面为我的辩护观点提供了实证的支持。

综上所述，辩护人认为，起诉书对被告人魏某的指控证据明显不足，罪名依法不能成立。为维护被告人魏某的合法权益，提请合议庭依法对魏某作出“事实不清，证据不足，指控的罪名不能成立”的无罪判决。

以上意见，请予审议。

庭审结束，法庭宣布待合议庭合议后择期宣判。后公诉机关以案件事实、证据有变化为由提出撤回起诉。

某区人民法院认为：公诉机关要求撤回起诉，符合有关法律规定，应予采纳。依据《最高人民法院关于执行〈中华人民共和国刑事诉讼法〉若干问题的解释》第一百七十七条之规定，裁定如下：

准许某区人民检察院撤诉。

16

那管血是他的吗

——江甲被控妨害公务罪、危险驾驶罪案

【基本案情】

2015年6月11日晚，江甲和几个朋友正在喝酒，席间听说有朋友涉嫌违法被抓进派出所，大家借着酒劲决定前去搭救，江甲放下酒杯发动汽车，不一会儿就载着同伙到了派出所。他们强行进入派出所办案区遭到办案民警制止，与办案民警发生冲突，副所长鸣枪示警，全所民警及时增援，妨害公务者悉数被擒。

因江甲酒气熏天，当即被公安人员带至医院抽血并将血样送交鉴定机构检验，2015年6月23日，某市公安司法鉴定中心出具《交通事故理化检验报告书》，检验结论为“所送检的江甲的血液中检出酒精（乙醇）成分，含量为93mg/100ml”。

醉酒驾驶机动车构成危险驾驶罪，法定标准是驾车者血液中的酒精（乙醇）含量达到80mg/100ml，鉴定结果提示，江甲血液中的酒精含量已经达到醉驾标准。

【案件经过】

公安机关侦查终结后，以江甲涉嫌妨害公务罪和危险驾驶罪将案件移送某区人民检察院审查起诉。经审查，该院于 2015 年 11 月 10 日作出起诉书，认定了以下事实：

2015 年 6 月 11 日 19 时许，被告人江乙、罗某、江甲、万某一起吃晚饭时，得知违法嫌疑人游某等人被派出所传唤审查，被告人江乙、罗某提出到派出所去看看违法嫌疑人游某等人。于是被告人江甲在醉酒的情况下驾驶越野车带着被告人江乙、罗某，被告人万某驾驶江乙的轿车先后赶到派出所。到派出所后，被告人江乙、罗某未经许可进入派出所办案区域，被派出所正在办案的工作人员制止。其二人不听劝告和制止，并辱骂、推打派出所工作人员。随后，被告人江甲、万某跟着冲入派出所办案区，一起推打派出所工作人员。派出所副所长邱某见场面失控，为控制局面，紧急情况下鸣枪制止。被告人江甲、万某在鸣枪警告下停止了反抗，被告人江乙、罗某无视鸣枪警告仍继续推打派出所工作人员。随后，在派出所赶到的全部人员的努力下相继将该四名被告人控制并抓获。

起诉书列举以下证据作为公诉机关对上述事实认定的依据：

（1）物证；（2）书证；（3）证人证言；（4）被告人供述和辩解；（5）鉴定意见；（6）辨认笔录；（7）视听资料、电子数据。

公诉机关认为：被告人江乙、罗某、江甲、万某未经许可进入派出所办案区域，在遭到派出所办案的工作人员制止的情况下，以暴力阻碍派出所工作人员依法执行职务，造成多名工作人员受伤，其中一人轻微伤，其行为触犯了《中华人民共和国刑法》第二百七十七条第一款，犯罪事实清楚，证据确实、充分，应当以妨害公务罪追究其刑事责任；被告人江甲在醉酒状态下驾驶机动车，其行为触犯了《中华人民共和国刑法》第一百三十三条第二款，犯罪事实清楚，证据确实、充分，应当以危险驾驶罪追究其刑事责任。

江甲委托我担任其辩护人。

经了解案情，我注意到，公诉机关指控的江甲涉嫌妨害公务罪，事实清楚，证据确凿，法律依据明确，依法应予定罪处罚。但其涉嫌的危险驾驶罪，据以认定其构成此罪的决定性证据即鉴定报告存在多处程序违法情形，依法应予排除。而如果排除了这一证据，认定江甲血液酒精超标也就没有了客观依据，其危险驾驶罪也就无法成立了。根据这样的实际情况，我确定的辩护方略是：对江甲被控妨害公务罪作罪轻辩护，而集中发力对其被控危险驾驶罪进行无罪辩护，力争通过排除违法证据，达到无罪宣告的理想结果。

2015 年 12 月 18 日，某区人民法院公开开庭审理本案。在法庭上我发表了下面这篇辩护词：

审判长、陪审员：

被告人江甲因被某区人民检察院指控犯有妨害公务罪、危险驾驶罪，委托我担任其辩护人，受江西景扬律师事务所的指派，我依法出席今天的法庭，履行辩护律师的职责，为江甲提供辩护，依法维护其合法权益。现根据事实和法律，提出以下辩护意见，供合议庭参考：

一、认定江甲犯危险驾驶罪事实不清，证据不足，指控的罪名不能成立

任何能够成立的有罪指控，都必须建立在充分、确实、合法的证据基础之上。起诉书认定江甲犯有危险驾驶罪，不具备这样的基础条件。

认定江甲犯危险驾驶罪最重要、最根本的证据是某市公安司法鉴定中心出具的《交通事故理化检验报告书》，我注意到，围绕这一检验报告的事前、事中、事后程序，都明显违反了法律规定，检验报告不具有合法性，依法应予排除。

第一，鉴定前，侦查人员强制江甲到某市中医院采集血样，江甲被抽取两份血样，在侦查机关提供的《涉嫌酒后驾车驾驶人血样提取登记表》的“密封方法”一栏中，内容空白。这就是说，所采血样未采取任何保证物证同一性的措施。

《最高人民法院关于适用〈中华人民共和国刑事诉讼法〉的解释》第七十条规定：“据以定案的物证应当是原物。”如何保证所取物证就是原物呢？当然只能是加签密封保存了。侦查机关无疑是知道封存措施对保证物证同一性的决定性意义的，否则就不会在其提供的《涉嫌酒后驾车驾驶人血样提取登记表》中设置“密封方法”一栏。但侦查人员没有对江甲被采血样采取任何密封

措施。在这样的情况下，我们怎么能相信之后提交鉴定的血样就是江甲的被采血样呢？

第二，鉴定中，某市公安司法鉴定中心出具的《交通事故理化检验报告书》载明，对送检血样实施检验的鉴定人为助理工程师欧阳某一人。鉴定的实施，应当由两名以上具有本专业鉴定资格的鉴定人负责。

第三，鉴定后，侦查机关本应依照《中华人民共和国刑事诉讼法》第一百四十六条之规定，将检验报告中的鉴定意见告知犯罪嫌疑人江甲，征求其是否提出申请补充鉴定或者重新鉴定的意见。但直至今天，也没有谁向江甲告知检验报告的鉴定意见，这种剥夺犯罪嫌疑人对鉴定结论的知情权、质疑权、补充鉴定或者重新鉴定申请权的行为，当然是公正的法律所不能容忍的。

此外，检验报告还有若干违反法定程序之处，只是由于前面所列三点严重程序违法情形已经足以否定检验报告中鉴定意见的合法性和可采性，再多详尽列举其违法之处也就没有太大意义了。例如，未依照有关规定提供鉴定机构和鉴定人具有法定资质的证据；又如，鉴定机构于2015年6月12日受理鉴定委托，直到同月23日才出具检验报告书，历时12天，明显违反了《公安机关鉴定规则》第三十四条关于“鉴定机构应当在受理鉴定委托之日起七日内作出鉴定意见，出具鉴定文书”的规定；再如，本案《刑事侦查卷宗》第二卷第86页记载，2015年6月12日1时36分至4时49分这段时间，江甲都在某公安分局办案中心接受讯问，而《刑事侦查卷宗》第四卷收录的《涉嫌酒后驾车驾驶人血样提取登记表》中记载，江甲在某市中医院被强制抽取血样的时间是2015年6月12日1时50分。常识告诉我们，一个人在同一时间不可能分身两地；逻辑学告诉我们，上述证据中至少有一份是虚假的，甚至，都是假的。当关于血样来源的记录可能是虚假的时候，该血样的鉴定结果又怎么可能让人信服呢？

《最高人民法院关于适用〈中华人民共和国刑事诉讼法〉的解释》第八十四条规定，对鉴定意见应当着重审查十项内容，其中第一项为鉴定机构和鉴定人是否具有法定资质；第三项为检材的来源、取得、保管、送检是否符合法律、有关规定，检材是否充足、可靠；第五项为鉴定程序是否符合法律、有关规定；第十项为鉴定意见是否依法及时告知相关人员，当事人对鉴定意见有无异议。涉案鉴定意见多处严重违反法律和有关规定，毫无疑问应当依法予以排除。而一旦排除了鉴定意见，本案中也就没有任何证据能够证明江甲的行为构成危险驾驶罪了。立足于这样的理由，辩护人提请合议庭以坚决的态度排除非法证据，并根据《中华人民共和国刑事诉讼法》第一百九十五条第三项之规定，对江甲被控危险驾驶罪一案作出证据不足，指控的犯罪不能成立的无罪判决。

二、江甲的行为已构成妨害公务罪，但具有法定和酌定从轻、减轻处罚的情节

第一，主观方面恶意不大。江乙、罗某去派出所看到朋友被

办案警察驱离，因拒绝离开而与办案警察发生冲突被扣押，在外等候父亲江乙回家的江甲听闻吵闹声前去观察情况，发现父亲被控制意欲帮助脱身，因而涉嫌妨害公务罪名。从其涉案并不具备主动性和攻击性上看，江甲主观方面并无太大恶意。

第二，客观方面危害不大。没有证据证明江甲直接伤害到办案警察，在警察鸣枪示警后，江甲立即停止了妨害公务行为，这说明，江甲的涉罪行为是有节制的，危害性不大。

第三，从前述事实看，本案是共同犯罪案件，江甲所起作用是次要的，当属从犯。

第四，案发前，江甲一贯遵纪守法，无任何劣迹记录，此次涉罪，实属初犯、偶犯。

第五，归案后，江甲有较好的认罪态度。取保候审期间，能够遵守有关规定，有较好的悔罪表现。

综合以上各点理由，提请合议庭依法对已构成妨害公务罪的被告人江甲予以从轻或者减轻处罚。

以上意见，请予审议。

经审理，某区人民法院作出刑事判决书，关于江甲被控危险驾驶罪一节，法院认为：送检血液没有记录密封方法，存在没有密封之可能，也没有证据证明《交通事故理化检验报告书》已经告知了被告人江甲，这就违反了有关法律规定，因此，对公诉人当庭提供的《交通事故理化检验报告书》不予采纳，公诉机关指控被告人江甲醉酒驾驶机动车辆的事实不予认定，进而公诉机关指控被告人江甲犯危险驾驶罪，因证据不足，不能成立，对被告人江甲及其辩护人认为江甲的行为不构成危险驾驶罪的意见予以支持。

对江甲被控危险驾驶罪一案的无罪辩护，获得了圆满成功。

关于各被告人被控妨害公务罪一节，判决书认定江乙、罗某、江甲、万某等人妨害公务罪之罪名成立，同时，法院认为江甲犯罪情节轻微且认罪态度较好，以妨害公务罪判处江甲免予刑事处罚。

17

这笔钱该收吗

——杨某涉嫌滥用职权罪案

【基本案情】

犯罪嫌疑人杨某，系某市计划节约用水办公室主任。某区人民检察院了解到，某省检察机关办理过城市污水处理费征收主管单位责任人员滥用职权减免污水处理费案件，于是循其经验在某市展开初查，发现杨某有涉嫌违规减免污水处理费之滥用职权行为，2014年5月23日，某区人民检察院反渎职侵权局对杨某涉嫌滥用职权罪一案立案侦查，并对其采取取保候审强制措施。

【案件经过】

2014年11月20日，侦查机关作出起诉意见书，认定杨某涉嫌滥用职权罪的事实：犯罪嫌疑人杨某自2006年以来一直主持某市节水办工作，其工作的一项重要内容就是收取某市范围内使用自备水源用户（包括企业、行政、事业单位）的污水处理费。根据相关法律法规，使用自备水源用户，未建污水处理设施的，污水处理费征收标准为0.8元/吨。城市污水处理费按照用水量按月计收，使用自备水源的单位，已安装水表的，其用水量按照水表显示的量值计算，未安装水表的，其用水量按照取水设备铭牌流量每日运转24小时计算。

杨某在主持节水办工作期间，一些使用自备水源的企业没有安装水表，杨某在上门收取污水处理费收不到的情况下，没有按照法律法规进行执法，对一些装了水表且使用自备水源进行生产的企业也没有按水表量值收取污水处理费，而是与企业进行协商收取污水处理费。经调查，杨某对纸业公司等五家企业的污水处理费收缴存在滥用职权的情况，共少收3665670.4元污水处理费，给国家造成了巨大的经济损失和资源损失，涉嫌构成滥用职权罪。

案件移送审查起诉后，杨某委托我担任其辩护人。

通过深入了解案情事实，认真研究法律规定，我发现，杨某的行为不能构成滥用职权罪，而其罪名是否成立的答案，就在“什么是污水处理费”和“谁应缴纳污水处理费”这两个问题当中。

什么是污水处理费？谁应缴纳污水处理费？《中华人民共和国水污染防治法》第四十四条第四款规定，所谓污水处理费，是指城镇污水集中处理设施的运营单位按照国家规定向排污者提供污水处理的有偿服务，收取的污水处理费用；向城镇污水集中处理设施排放污水的单位和个人，就是污水处理费的缴纳主体。

企业生产用水可能有两种来源，其一为城镇供水系统提供的自来水，其二为企业自备水源，如抽取河水或挖井取水。第一种情况，企业如向城镇污水集中处理设施排放生产过程产生的污水，由供水单位按规定标准代收污水处理费；第二种情况，企业如向城镇污水集中处理设施排放生产过程产生的污水，污水处理费由地方政府指定机构收取，在某市，污水处理费由杨某所在的节水办收取。

经向杨某询问了解并申请检察机关审查起诉部门退卷补查，证明涉案的某纸业公司等五家企业所在地均未建设城镇污水集中处理设施，其生产过程产生的污水只能全部向环境直接排放。

从污水处理费的法律定义中，我们可以读出一个关键词，就是“处理”——污水排放经过城镇污水集中处理设施“处理”的，依法应当缴纳污水处理费；反之，污水排放不经过城镇污水集中处理设施“处理”的，依法不应当缴纳污水处理费。

起诉意见书认为“使用自备水源用户，未建污水处理设施的，就应当缴纳污水处理费”，是对法律的误读而产生的片面理解。正确而全面的解读是：自备水源用户，未自建污水处理设施而向城镇污水集中处理设施排放污水的，应当缴纳污水处理费；虽未自建污水处理设施但并未向城镇污水集中处理设施排放污水的，也不应当缴纳污水处理费。

对污水处理费的法律定义和缴纳主体已经有了充分的认识和把握，又该怎样简洁明快、生动准确地表达我的辩护观点呢？经过一番字斟句酌，我向某区人民检察院呈交了一份律师意见书，一篇短短的“千字文”：

某区人民检察院：

犯罪嫌疑人杨某涉嫌滥用职权罪一案，已由侦查机关移送你院公诉部门审查起诉。江西景扬律师事务所接受杨某的委托，指派我担任杨某的辩护人，依法维护其合法权益。

侦查机关的起诉意见书认定：“犯罪嫌疑人杨某未依法律规定收缴使用自备水源的企业的污水处理费，也没有督促企业装水表，而是以工作困难为由与企业协商收取污水处理费，还有的干脆就以不知情为由不收取污水处理费。其行为已触犯《中华人民共和国刑法》第三百九十七条之规定，涉嫌滥用职权罪。”我认为，起诉意见书认定杨某的行为涉嫌滥用职权罪没有法律依据，杨某的行为不构成犯罪。现根据事实和法律，提出以下律师意见，供你院审查起诉时参考：

根据《中华人民共和国水污染防治法》第四十四条第四款的规定，所谓污水处理费，是指城镇污水集中处理设施的运营单位按照国家规定向排污者提供污水处理的有偿服务，收取的污水处理费用。根据该条款规定，向城镇污水集中处理设施排放污水的，应当缴纳污水处理费，所缴费用用于城镇污水集中处理设施的建设和运行，该费用由城镇污水集中处理设施的运营单位收取。

根据《中华人民共和国水污染防治法》第二十四条的规定，直接向水体排放污染物的企业事业单位和个体工商户，应当按照排放水污染物的种类、数量和排污费征收标准缴纳排污费。排污费应当用于污染的防治，故应当由环保主管部门（环保局）收取。

有关法规、规章的类似规定还有：

国务院发布的《城镇排水与污水处理条例》第三十二条（国务院令第641号，2013年10月2日发布）；财政部、发展改革委、住房和城乡建设部发布的《污水处理费征收使用管理办法》第八条（财税〔2014〕151号，2014年12月31日发布）。

从以上法律、法规、规章中，我们可以读出一个关键词，就是“处理”。污水排放经过“处理”的，缴纳污水处理费；污水不经“处理”直接排向环境的，缴纳排污费。二者不可重复。

本案由公诉部门退回侦查机关补充侦查时，侦查机关调取了某市水务局《某市自备水源污水处理费征收回复意见》一份，该意见对某市计划节约用水办公室（杨某所在单位）所报《关于请求对我市污水处理费征收相关文件进行解释的请示》作出解释回复，回复意见与前列法律、法规、规章精神完全一致。

纸业公司、建陶公司、陶瓷公司、陶瓷三厂、瓷用化工厂等五家涉案单位，其所在地域并无排污管网和污水集中处理设施，生产污水都是直接向环境中排放，根本不可能对其所排污水进行集中处理。根据前述法律、法规、规章的规定，所有涉案企业应当缴纳的是排污费而不是污水处理费。

法律规定了污水处理费的性质是“服务费”，没有人向涉案企业提供污水处理服务，却要向其收取服务费，这就像既不安排就餐场所，又不提供饭菜酒水，却硬要向人收取所谓用餐费，我们可以想一想，谁会认为这是公平的呢？维护公平正义的法律又怎么会容忍这种显而易见的不公平呢？

涉案企业依法不应当缴纳污水处理费，以杨某不收或少收污水处理费为由认定其构成滥用职权罪没有任何法律依据。为维护杨某的合法权益，辩护人提请贵院依照《中华人民共和国刑事诉讼法》第一百七十三条第一款之规定，对杨某作出不起诉的决定。

以上意见，请予审议。

某区人民检察院于 2016 年 3 月 24 日作出撤销案件决定书，其内容是："我院办理的杨某涉嫌滥用职权罪一案，因该案证据发生变化，根据《中华人民共和国刑事诉讼法》第一百六十六条的规定，决定撤销此案。"

我的意见得到检察机关全部采纳，辩护取得圆满成功。

附件一：会见杨某笔录（节录）

会见杨某笔录

时间：2015 年 1 月 19 日 10：30~11：20

地点：江西景扬律师事务所办公室

问：你涉嫌滥用职权案委托我担任辩护人，该案已移送审查起诉，我已联系工作并复制了案卷材料，初步了解了案情，今天请你来，进一步了解有关情况。

答：好的。

问：请你把纸业公司、建陶公司、陶瓷公司、陶瓷三厂及瓷用化工厂等五家企业的所处位置告诉我。

答：纸业公司就在原造纸厂内，与陶瓷三厂隔街相对。陶瓷公司就在原砖瓦厂内，靠近市内方向。建陶公司就在瓷厂内，生产用水租用某水泵房，两家相邻。瓷用化工厂在原化工厂内，靠近陶院老校区背面，从陶院边上一条小路可达。

问：上述五家企业所处地段是否有集中污水排污管网或排污设施？

答：纸业公司、建陶公司、陶瓷公司和陶瓷三厂都是某大道的沿街企业。整个西市区没有铺设污水排污管网或排污设施。化工厂附近的主路有污水排污管网，瓷用化工厂在支路里面，该企业的排污渠道没有与污水排污管网、排污设施连接。

……

问：今天就谈这些，请你看看以上记录，如无错记就请签名。

答：好的。

杨某（签名）

2015.1.19

附件二：关于建议公诉机关将本案退回侦查部门补充侦查，以查明涉案企业是否有条件向污水集中处理设施排放污水之事实的律师意见书

某区人民检察院：

犯罪嫌疑人杨某因涉嫌滥用职权罪委托我担任其辩护人，该案已由贵院侦查部门移送审查起诉。接受委托后，我查阅、复制了案卷材料，会见了犯罪嫌疑人杨某，初步了解了案情事实。根据有关法律、法规、规章的规定，向单位收取污水处理费的前提条件，是该单位“在城市污水集中处理规划区范围内向城市排污管网和污水集中处理设施排放污水（包括自备水源用户）”。涉案单位纸业公司、建陶公司、陶瓷公司、陶瓷三厂、瓷用化工厂五家企业是否处于城市污水集中处理规划区范围内，各涉案企业是否有条件向城市排污管网和污水集中处理设施排放污水，这些关键事实在案卷中却未见反映。为使本案能在事实清楚、证据确实充分的基础上得到公正的处理，建议贵院公诉部门将本案退回侦查部门补充侦查，以查明前述事实。

18

四刀，还是一刀

——聂某被控故意杀人罪案

【基本案情】

1999年2月28日下午，在瓷厂发生一起群体性斗殴事件，过程中造成一人被三角刮刀捅刺四刀致死的严重后果。案发后，多人被判刑，但被司法机关认定为致人死亡的凶手聂某却一直在逃。2006年公安机关开展网上追逃行动后，聂某被列为网上逃犯。2017年12月，某公安分局侦查人员通过人像比对发现，A镇一个名为“杨某”的男子与聂某的人像相似度达93.41%，遂派出专案组前往追捕。2017年12月12日，在当地公安机关的配合下，以“杨某与银行有经济纠纷需要来派出所处理”为由，电话通知“杨某”到派出所。“杨某”接通知后来到派出所，被前来追捕的侦查人员执行拘留，当即承认自己就是1999年2月28日参与斗殴并“杀了人”的聂某。

【案件经过】

某区公安分局侦查终结后，以聂某涉嫌故意伤害罪向某区人民检察院移送审查起诉，因案情重大，该院将本案报送某市人民检察院。

聂某被采取强制措施后，其亲属曾先后委托过两位律师担任聂某的辩护人，均因某些客观原因而相继解除了委托关系。2018年7月31日，聂某的亲属经人介绍来到我所，委托我担任聂某的辩护人。

经查阅案卷，会见犯罪嫌疑人，进行必要的调查，我对案情有了清晰的了解，为争取更多的辩护机会，我向主诉检察官提交了一份律师意见书，提出聂某具有“正当防卫（超过必要限度）”和“投案自首”两个法定从轻、减轻处罚的情节，希望能在审查起诉阶段得到公诉机关的采纳，以减轻法庭辩护的压力，最大限度地维护聂某的合法权益。

某市人民检察院：

聂某涉嫌故意伤害罪一案，已由侦查机关侦查终结移送贵院审查起诉，我接受聂某近亲属委托并征得聂某本人同意，担任聂某的辩护人，依法维护其合法权益。

接受委托后，我查阅了全部案卷材料，会见了犯罪嫌疑人，在充分了解案情事实的基础上，依法提出以下意见，供贵院参考：

我认为，聂某的行为确已构成故意伤害罪，依法应予处罚；但其同时具有以下应当（可以）从轻、减轻处罚或者免除处罚的法定情节，依法应予减轻处罚。

一、聂某具有正当防卫（超过必要限度）情节

证据提示以下案情事实：

1. 席某与李某一、李某二等人因打麻将发生纠纷，互有伤害。席某找聂某帮忙，但现有证据未能明确帮忙的具体内容。

2. 聂某认识对方一个叫“友谊”的人，认为可以利用“友谊”的影响力通过说和解决纠纷。

3. 聂某叫上当时正好在其家中的朋友余某、袁某、钟某、王某等人，一同随席某前往李某一、李某二所在的瓷厂，恰遇“友谊”。

4. 聂某与“友谊”正在路边说话，李某一、李某二等人持形似砍刀的金属风扇叶片、三角刮刀等利器冲杀出来，对聂某等人进行砍杀并致聂某头部严重受伤，手无寸铁的聂某夺过对方手中三角刮刀进行反抗，混乱中造成李某二伤重身亡。

聂某的身体权、健康权甚至生命权遭受到正在进行的不法侵害，这是不可否认的事实，根据《中华人民共和国刑法》第二十条第一款之规定，聂某有权对不法侵害人实施正当防卫，以制止这种正在发生的、严重的不法侵害。但遗憾的是，聂某的正当防卫超过了必要的限度，造成了李某二死亡这一重大损害。合法过头，终致非法。

《中华人民共和国刑法》第二十条第二款规定：“正当防卫明显超过必要限度造成重大损害的，应当负刑事责任，但是应当减

轻或者免除处罚。”根据这一规定，对聂某减轻处罚，是适当的。

二、聂某具有自首情节

作案后，聂某在逃十八年，名字已变成了“杨某”，其他身份信息也已面目全非。聂某虽于2017年12月12日被抓获，而其真实身份，直到被采取强制措施三个月后才得以最终确认。但就在被抓获的当天，聂某即已如实供述了自己的罪行。

以上事实，有在案证据充分予以证明。

根据《最高人民法院关于处理自首和立功若干具体问题的意见》（法发〔2010〕60号）第一条第三项的规定，“在司法机关未确定犯罪嫌疑人，尚在一般性排查询问时主动交代自己罪行的”，视为自动投案。

聂某自动投案，如实供述自己的罪行，根据《中华人民共和国刑法》第六十七条第一款之规定，应当认定其具有自首情节，可以从轻或者减轻处罚。

为维护聂某的合法权益，请求检察机关在对本案提起公诉时，依法认定聂某具有防卫过当和自首情节。

以上意见，请予审议。

我在审查起诉阶段提出的辩护意见没有得到公诉机关的采纳。

2018年9月7日，某市人民检察院向市中级人民法院提起公诉，认定被害人李某二身上四处三角刮刀捅刺伤均系聂某所为，将侦查机关起诉意见书中认定的涉嫌故意伤害罪变更为故意杀人罪，认定聂某曾因犯抢劫罪被判处有期徒刑，刑满释放后五年内又犯本罪，系累犯，应当以故意杀人罪追究其刑事责任并予从重处罚。具体指控如下：

1999年2月28日15时许，席某（在逃）在瓷厂与被害人李某二、李某一等人打麻将中，席某与李某一发生纠纷。李某一打了席某几拳，席某也用石头砸破了李某一的头。而后，李某一到医院包扎头部伤，席某就到江家弄被告人聂某家，准备叫他帮忙。当时，被告人聂某家有余某、袁某、钟某和王某（四人均已判决）等人。被告人聂某听说席某被打，便纠集余某、袁某、钟某和王某，与席某、冯某一道打“面的”赶到瓷厂，席某看到李某三就上前动手打他，余某、袁某上前帮忙，同时，李某二上前帮忙，聂某、钟某等人便与李某二对打。在斗殴中，聂某抢下对方持有的三角刮刀连续捅刺李某二四刀。聂某等人见李某二、李某三不再反抗后逃离现场。李某二在被人送往医院的途中死亡，经鉴定，系被他人用三角尖刀自左腋刺入胸腔刺破肺脏，致急性失血死亡。被告人聂某一直使用化名出逃在外，直至2017年12月12日在某市被公安机关抓获。

针对上述指控，公诉机关提供了抓获经过、判决书等书证；同案人余某、王某等人供述；证人胡某等人证言；被告人聂某的供述与辩解；尸体检验记录、生物物证鉴定书等鉴定意见；辨认笔录；现场摄影等证据。

公诉机关认为，被告人聂某聚众殴打他人，致一人死亡，其行为触犯了《中华人民共和国刑法》第二百九十二条第二款、第二百三十二条之规定，犯罪事实清楚，证据确实、充分，应当以故意杀人罪追究其刑事责任。被告人聂某系累犯①，根据《中华人民共和国刑法》第六十五条之规定，应当从重处罚。

故意杀人既遂，犯罪手段残忍，又系累犯，且无法定从轻、减轻处罚的情节，根据《中华人民共和国刑法》的规定，如果起诉书的指控得到人民法院的支持，聂某极有可能被判处死刑。案情重大，责任重大，辩护的难度更大，当事人将求生的希望寄托于我，如何最大限度地维护聂某的合法权益，化解聂某面临的死刑风险，的确对我提出了严峻的挑战。

2018 年 12 月 3 日，某市中级人民法院公开开庭审理本案。

聂某对公诉机关指控的犯罪事实有异议，认为其没有纠集余某、袁某等人，去的时候没有带任何工具，其只是想去做调解，并不是去打架的，更没有捅刺被害人四刀，在被害人拿着三角刮刀向其冲过去的时候，被捅到肩部，其就挣扎反手捅刺了被害人右边腹部一刀，其完全没有杀害被害人的主观故意，只是在被伤害的情急之下做出的防卫举动，其不应构成故意杀人罪，另外在 2017 年 12 月 12 日，其是主动去派出所投案自首的，有一起随行的同事可以作证，故请求法院对其改变定性并依法判决。

在法庭上，针对起诉书的指控，我依托案卷材料和依法收集的证据，就案件性质和聂某具有的罪轻情节发表了三点辩护意见：

---

① 本案公诉机关提供某监狱狱政管理科出具的书面证明，证明聂某因犯抢劫罪被某区人民法院判处有期徒刑五年，于 1998 年 6 月 15 日释放，其时距本案发生不满五年。

第一，被害人李某二被刺四刀伤重身亡，但只有其中一刀为聂某所刺且是在夺刀反抗过程中刺伤的，其主观上并无剥夺他人生命的故意，因而其行为构成故意伤害罪而不是故意杀人罪；第二，被害人持械伤人在先，聂某夺刀反抗在后，其行为符合“正当防卫（超过必要限度）”的特征；第三，聂某主动投案，在其身份尚未完全得到明确的情况下主动交代犯罪事实，依法应当认定为自首。以下是我的辩护词。

审判长、审判员：

被告人聂某因被某市人民检察院指控犯有故意杀人罪，委托我担任其辩护人，受江西景扬律师事务所的指派，我依法出席今天的法庭，履行辩护律师的法定职责，为聂某提供辩护。现根据事实和法律，提出以下辩护意见，供合议庭参考。

一、聂某的行为构成故意伤害罪而不是故意杀人罪

起诉书指控聂某的行为构成故意杀人罪，其主要理由就是“聂某抢下对方持有的三角刮刀连续捅刺李某二四刀”。犯罪手段反映犯罪行为人的主观心态，如果客观事实真如起诉书认定的那样，那我也就没有什么理由对聂某的行为构成故意杀人罪提出不同意见了。

但是，客观事实真的是这样吗？有确实充分的证据证明是这样吗？案卷材料给我的答案是否定的。

案卷中收集有同案人余某、王某、冯某、钟某、袁某等五人的供述和辩解，没有一个人看到聂某“连续捅刺李某二四刀”。

案卷中收集有证人李某三、刘某、胡某、吕某、黄某一、黄某二、江某、邹某、王某九人的证言，同样没有一个人看到聂某“连续捅刺李某二四刀”。

聂某的多次供述和辩解稳定一致，就是在与李某二争抢三角刮刀过程中刺中李某二胸部一刀。

可见，起诉书关于“聂某抢下对方持有的三角刮刀连续捅刺李某二四刀”的认定，是没有任何证据支持的。

经法医检验，李某二身中四刀，且皆为三角锐器所致，这是事实。但证据表明，案发现场并非仅有一把三角刮刀，更重要的是，并非仅有李某二和聂某二人接触过、持有过、使用过三角刮刀。

同案人王某陈述说：“我看见聂某被人拖住，用铁片砍他的头，这时钟某军上去帮聂某的忙，姓席的人被那个手握三角刮刀的人夹住了颈，那个人准备用刀杀姓席的人时，被一个不认识的人抢下了三角刮刀。”

证人李某三陈述说：“席某带了一伙人坐了一辆白色面包车来了，席某讲我弟四个人打了他，我随手拿了一把三角刮刀出去，不知被谁给抢走了。”

证人吕某陈述说：“我看到两个人拿三角刮刀，一个是身高1.74米左右，瘦瘦的，穿西装的，三十岁左右，另外一个人不记得相貌了。”

需要特别强调的是：李某三是被害人李某二的堂兄，是打架的参与者之一；吕某是被害人李某二的伯母，李某三的母亲，是打架现场情况的目击证人。

没有人看到聂某连续捅刺李某二四刀，现场又不止一把三角刮刀，李某二在一场混战中身中四刀，凭什么说他身上所受伤害都是聂某造成的？

能够被证据证明的事实是，聂某仅仅刺伤李某二身上一处，且是在抢夺李某二的三角刮刀时刺伤李某二的，是在运动搏斗中刺伤李某二的，是在无法自主选择部位和掌握力度的紧急情况下刺伤李某二的。将这样的客观情况作为考虑问题的立足点，我们只能得出这样的结论：聂某伤人是故意的，造成李某二死亡的结果是过失，也就是说，聂某的行为完全符合故意伤害罪（致人死亡）的构成特征，其行为构成的只能是故意伤害罪而不是故意杀人罪。

二、聂某具有正当防卫（超过必要限度）情节

证据提示以下案情事实：

1. 席某与李某一、李某二等人因打麻将发生纠纷，互有伤害。席某找聂某帮忙，但现有证据未能明确帮忙的具体内容。

2. 聂某认识对方一个叫“友谊”（张某）的人，认为可以利用“友谊”的影响力通过说和解决纠纷。

3. 聂某叫上当时正好在其家中的朋友余某、袁某、钟某、王某等人，一同随席某前往李某一、李某二所在的瓷厂，恰遇“友谊”。

4. 聂某与“友谊”正在路边说话，李某三、李某二等人持形似砍刀的金属风扇叶片、三角刮刀等利器冲杀出来，对聂某等人

进行砍杀并致聂某头部严重受伤，手无寸铁的聂某夺过对方手中的三角刮刀进行反抗，混乱中造成李某二重伤身亡。

聂某的身体权、健康权甚至生命权遭受到正在进行的不法侵害，这是不可否认的事实，根据《中华人民共和国刑法》第二十条第一款之规定，聂某有权对不法侵害人实施正当防卫，以制止这种正在发生的、严重的不法侵害。但遗憾的是，聂某的正当防卫超过了必要的限度，造成了李某二死亡这一重大损害。

《中华人民共和国刑法》第二十条第二款规定：“正当防卫明显超过必要限度造成重大损害的，应当负刑事责任，但是应当减轻或者免除处罚。”根据这一规定，对聂某减轻处罚，是适当的。

三、聂某具有自首情节

作案后，聂某在逃十八年，名字已变成了“杨某”，其他身份信息也已面目全非。聂某虽于 2017 年 12 月 12 日被抓获，而其真实身份，直到被采取强制措施三个月后才得以最终确认。但就在被抓获的当天，聂某即已如实供述了自己的罪行。

以上事实，有在案证据充分予以证明。

根据《最高人民法院关于处理自首和立功若干具体问题的意见》(法发〔2010〕60 号）第一条第三项的规定，在司法机关未确定犯罪嫌疑人，尚在一般性排查询问时主动交代自己罪行的，视为自动投案。

聂某自动投案，如实供述自己的罪行，根据《中华人民共和国刑法》第六十七条第一款之规定，应当认定其具有自首情节，可以从轻或者减轻处罚。

综上所述，辩护人认为，被告人聂某的行为已构成故意伤害罪，同时具有防卫过当和自首之可以从轻或者减轻处罚情节。为维护被告人的合法权益，提请合议庭依法以故意伤害罪对聂某予以减轻处罚。

以上意见，请予审议。

2019年1月28日，某市中级人民法院对本案作出判决。

某市中级人民法院经审理查明以下事实：

1999年2月28日15时许，席某（在逃）在瓷厂与李某一、被害人李某二等人打麻将中，席某与李某一发生争执，随后席某与李某一、李某二等人进一步产生肢体冲突，席某用石头砸破了李某一的头。而后，李某一到医院包扎头部伤。席某欲到江家弄被告人聂某家寻求帮助，在途中遇见冯某，并对冯某述说因打麻将被人打一事，冯某便与席某一同前往被告人聂某家。此时，被告人聂某家中有余某、袁某、钟某和王某（四人均已判决）四人。被告人聂某听说席某被打，便与余某、袁某、钟某、王某、席某、冯某一道打“面的”赶到瓷厂，下车后，聂某看见熟人张某，上前与张某讲话。此时，席某与李某一的哥哥李某三争执起来，李某三、李某二、王某手持风扇叶（似大砍刀）、三角刮刀等工具，聂某、余某、袁某等人上前帮忙，在斗殴中，被告人聂某被砍刀砍破前额，同时，聂某抢下李某二持有的三角刮刀捅刺李某二，李某二、李某三等人受伤后迅速逃开，李某三、李某二分别躲到邻居家中，并将门反锁。被告人聂某等人见状立刻乘车逃离现场。李某二在被人送往医院的途中死亡，经鉴定，系被他人用三角尖刀刺破肺脏，致急性失血死亡。

被告人聂某一直使用化名“杨某”出逃在外，直至2017年12月12日主动到派出所投案自首。

……

对于公诉机关指控被告人聂某连续捅刺被害人李某二四刀的犯罪事实，经查，现有证人证言、被告人及同案人的供述均未有人证实看到聂某捅刺了李某二四刀，多名证人对李某一、李某二手拿工具的情况作出了不同的陈述，因为案发地点是在作坊外，风扇叶片、三角刮刀等工具都不止一个，在混乱的斗殴现场，有多人与李某二发生打斗冲突，不能排除席某、聂某一方存在两人以上持有过三角刮刀，亦不能排除除聂某以外有其他人也捅刺到李某二的情况，被告人聂某所作的抢夺三角刮刀反捅刺李某二右胸腹部一刀的供述与辩解的内容一直保持前后稳定、一致，在无法排除其他合理怀疑的情况下，应作出有利于被告人的判断，即不认定公诉机关指控的上述事实。

关于被告人聂某及其辩护人均提出聂某没有故意杀人的主观故意，其行为构成故意伤害罪的辩解及辩护意见，经查，本案的起因是席某与李某三、李某二等人因打麻将产生矛盾，但因势单力薄难以逞能，故纠集被告人聂某、冯某、钟某等人一起去瓷厂讨要说法，席某、聂某、余某、钟某等七人未携带任何械具来到李某一、李某二等人所在的作坊，李某二、李某一等人见状随手拾起三角刮刀、风扇叶片（形似大砍刀）等铁具，与席某、聂某等人打斗起来，双方在斗殴中，一方持械，一方空手，聂某被砍中头部，由于情况紧急，聂某、席某等人抢夺李某一、李某二等人手中的械具，聂某夺下三角刮刀反刺中李某二，聂某与李某二事先并不认识，亦未有恩怨，主观上应未有剥夺李某二生命权的故意，客观上聂某的抢夺械具、刺杀行为紧急、连贯，虽刺中李某二的要害，但是聂某的抢夺、反刺行为应属于应急反应，聂某的行为应构成故意伤害罪，但造成李某二死亡的重大损害结果，故该辩解及辩护意见成立，予以采纳。

关于被告人聂某及其辩护人均提出其具有自首情节的辩解及辩护意见，经查，2017 年 12 月 12 日，被告人聂某通过房东的电话得知有警察找其，随后主动到某市派出所接受调查，派出所民警告知其等候，聂某在派出所大堂等候时，被某市公安机关办案民警抓捕，聂某在第一时间向办案民警供述自己的真实身份，并如实供述自己 1999 年在某市瓷厂刺杀他人的犯罪事实，其主动投案并如实供述，具有自首情节，故该辩解及辩护意见成立，予以采纳。

关于辩护人提出聂某具有正当防卫，但超过必要限度的辩护意见，经查，席某、聂某、冯某等人与李某一、李某二等人虽未相约斗殴，但双方存在积怨，席某、聂某一方共七人来到李某一、李某二等人所在的作坊，李某一、李某二一方人数较少，见状临时持械，主观上双方对发生斗殴行为均具有预见性，客观上双方在瓷厂内发生了打斗行为，斗殴中发生的一方砍杀、另一方抢夺械具、反刺杀行为均属于不法侵害，并非正当的行为，聂某刺杀李某二的行为不属于正当防卫，故该辩护意见不能成立，不予采纳。

某市中级人民法院认为，被告人聂某因他人琐事，帮助他人实施报复行为，积极参与聚众斗殴，在打斗过程中抢夺对方持有的械具，故意伤害他人，并致人死亡，其行为已构成故意伤害罪。公诉机关指控的罪名和部分事实不成立，应予改变。聂某因犯抢劫罪被某区人民法院判处有期徒刑五年，于 1998 年 6 月 15 日刑满，在刑罚执行完毕五年以内再犯应当判处有期徒刑以上刑罚的，系累犯，依法应当从重处罚。聂某能主动到公安机关投案，并如实供述自己的全部犯罪事实，系自首，依法可以从轻处罚。聂某的家属积极赔偿被害人亲属经济损失人民币 16 万元，取得了谅解，依法可以酌情从轻处罚。

某市中级人民法院依照《中华人民共和国刑法》第二百三十四条第二款、第四十五条、第五十六条第一款、第六十一条、第六十五条、第六十七条第一款，《最高人民法院关于适用〈中华人民共和国刑事诉讼法〉的解释》第一百五十七条之规定，判决如下：

被告人聂某犯故意伤害罪，判处有期徒刑十三年，剥夺政治权利二年。

宣判后，聂某当庭表示服判不上诉；法定期限届满，公诉机关也未提出抗诉。一审判决发生法律效力。

由此可见，某市中级人民法院完全采纳了我的第一点和第三点辩护意见，关于“聂某具有防卫过当情节”的辩护意见虽未得到采纳，但相关事实情节得到了判决书的认定，聂某刺伤李某二的行为是“斗殴中发生的一方砍杀、另一方抢夺械具”的“反刺杀”行为，这成为对聂某从轻处罚的理由之一。本案性质从故意杀人回归到故意伤害，自首情节得以认定，聂某被从轻判处有期徒刑十三年。

19

自由，或者死亡

——冯乙涉嫌贩卖、运输毒品罪案

【案情简介】

2016 年 6 月 6 日下午，一队公安缉毒警察来到某高速服务区，根据公安机关掌握的可靠情报，今晚有人从 A 市购买毒品来 B 市及周边地区贩卖，为躲避被查获的风险，犯罪嫌疑人将会在离市区还有二十多公里的某高速服务区下车，转乘出租车进城。为及时截获贩毒分子，防止毒品流入社会，缉毒警察提前进入服务区严密布控，张网以待。

当日 19 时许，一辆从 A 市过来的长途大巴缓缓驶入服务区，两名下车转乘的旅客被缉毒警察截住去路，其中一人拎着手提袋。缉毒警察责令提袋人当场打开手提袋，发现袋内有三个小包，每个小包内都装有疑似毒品的白色晶体。

经审查，被缉毒警察截获的旅客是兄弟二人，拎手提袋的是哥哥冯甲，与之同行的是弟弟冯乙。

经委托鉴定机构鉴定，冯甲手提袋中的三包白色晶体均含有甲基苯丙胺成分，就是俗称的冰毒，总重量为2596.2885克。

【案件经过】

侦查终结后，公安机关认定冯甲、冯乙涉嫌贩卖、运输毒品罪，起诉意见书认定与冯乙有关的涉案情节是：

2016年5月27日上午，犯罪嫌疑人冯甲乘坐长途汽车到A市，当日14时许犯罪嫌疑人冯乙先后乘坐汽车、飞机，于28日凌晨到达A市。二人从A市上线人员处购买毒品后，乘坐长途汽车，在某高速服务区下车，然后乘坐出租车返回市区。二人所购买的毒品贩卖至C市等地。

2016年6月4日，犯罪嫌疑人冯乙从C市乘坐至A市的长途汽车来到A市，6月5日犯罪嫌疑人冯甲从某高速服务区乘坐C市至A市的长途汽车前往A市与犯罪嫌疑人冯乙会合。二人从A市购买冰毒后又乘坐A市至C市的长途汽车返回B市，6月6日19时许在某高速服务区下车后即被蹲守已久的我局民警抓获，从犯罪嫌疑人冯甲携带的手提袋中查获三袋疑似冰毒的白色晶体。经某市公安司法鉴定中心鉴定，三袋疑似冰毒的白色晶体中均检出甲基苯丙胺成分，经过称量，总重量为2596.2885克。

2016年6月7日，犯罪嫌疑人冯甲、冯乙因涉嫌贩卖、运输毒品罪被刑事拘留，同年7月14日，经某区人民检察院批准，由某公安分局执行逮捕。

因案情重大，该案侦查终结移送审查起诉后，于2016年9月20日由某区人民检察院报请某市人民检察院审查起诉。

7月22日，冯乙之妻委托我担任冯乙的辩护人。该案由我和江逸群律师共同办理。

公安机关认定冯乙参与毒品犯罪两次，第一次因无实物证据而未认定涉案毒品数量，但第二次是“人赃并获”，查获的涉案毒品甲基苯丙胺近2.6公斤。经全面了解案情，冯乙并无自首、立功、从犯、刑事责任能力欠缺等法定从轻、减轻处罚的情节，甚至连坦白这样的轻量级酌定从轻情节也没有。根据刑法、司法解释的规定和惩治毒品犯罪的司法实践，如果冯乙涉嫌的罪名成立，对于“毒品数量超过实际掌握的死刑数量标准，且没有法定、酌定从轻处罚情节”的罪犯判处死刑是人们都可以预见的结果。

冯甲与冯乙是亲兄弟，证据表明，二人两次在不同时间、从不同地点、乘坐不同交通工具抵达同一目的地A市，次日又一同返回，行程神秘而隐蔽，冯甲为贩卖毒品而出行已是确凿无疑的事实，与之同行的冯乙不能给出合乎常理的出行目的，根据经验法则，一般人几乎会断言，神秘兮兮、不辞辛劳、千里往返的冯乙，不可能与冯甲的贩卖毒品行为没有关联。

但是，辩护律师的工作，就是要从看似不可能的案情中发现可能，并且通过法律逻辑的证明将不可能转化为可能。

刑事辩护，通常的路径选择，根据具体案情有以下几种供辩护人斟酌考虑：罪与非罪辩、此罪彼罪辩和犯罪情节辩。在由现有客观证据证明并已被公安机关起诉意见书认定的涉案事实中，与冯甲同往同归的冯乙，行为情节的差异只有一点，就是装有冰毒的手提袋由冯甲携带，仅凭这一点，当然不可能将冯乙的行为定性为毒品犯罪以外的其他较轻犯罪，也不足以据此将其认定为共同毒品犯罪的从犯。显而易见，在本案中，此罪彼罪辩和犯罪情节辩已经是“此路不通”，唯有罪与非罪辩，成为无可回避的“华山一条路”了。对于这种“人赃并获”的重大毒品犯罪案件，非罪辩护的难度可想而知，但我们已是别无选择。哪怕只有一分的生机，我们也要做百分的努力。

要尝试推翻冯乙涉嫌的罪名，首先要详细了解侦查机关收集掌握了哪些有罪证据，并按照刑事诉讼证据规则，分析这些证据本身是否确实，相互之间是否统一，能不能形成完整的证据链，达到“事实清楚、证据确实充分，足以排除合理怀疑”的程度，从中寻找推翻涉嫌罪名的突破口。基于此，我们对已有证据进行了全面的梳理。

关于第一起案件，侦查机关收集的证据有：（1）犯罪嫌疑人冯甲、冯乙的供述和辩解笔录；（2）证人邹某的陈述笔录；（3）证人邹某的辨认笔录。

关于第二起案件，侦查机关收集的证据有：（1）犯罪嫌疑人冯甲、冯乙的供述和辩解笔录；（2）物证——抓获冯甲、冯乙时，在冯甲的包里查获三袋甲基苯丙胺，总重 2596.2885 克；（3）证人证言——出租车司机、客车售票员等人的证言；（4）书证——冯乙手机通话记录、银行账户交易记录。

对照起诉意见书认定的涉案情节，我们分别考察了两起案件的控辩证据，列示分析论证如下：

（一）关于第一起案件

1. 侦查机关认定的涉案情节之一：冯甲、冯乙二人从 A 市上线人员处购买毒品。

证据考察：（1）冯甲的供述与辩解，仅承认自己一人在 A 市购买毒品，冯乙并不知情；（2）冯乙的供述与辩解，承认到过 A 市，但从未承认曾参与买卖毒品；案卷中，没有关于毒品交易上线人员的证据。

可见，认定冯乙参与“从 A 市上线人员处购买毒品”，没有任何证据支持。

2. 侦查机关认定的涉案情节之二：冯甲、冯乙二人所购买的毒品被贩卖至 C 市等地。

证据考察：（1）冯甲、冯乙均无二人共同卖出毒品的供述。（2）证人邹某证称：2016 年 6 月初的一天，冯甲和一个朋友一起在 C 市卖给他一小袋冰毒，交易价 1000 元。侦查机关安排邹某进行辨认，邹某指认一组 12 幅照片中的第 7 号是与冯甲一起卖给他冰毒的人，该人正是冯乙。

但是，经反复查阅案卷，并未发现有其他证据能够与邹某的证言相印证，也就是说，邹某的证言是一个孤证。

（二）关于第二起案件

1. 侦查机关认定的涉案情节之一：冯甲、冯乙二人从 A 市购买冰毒。

证据考察：与第一起案件一样，认定冯乙参与购买毒品没有任何证据支持。

2. 侦查机关认定的涉案情节之二：在某高速服务区抓获准备在此转车的冯甲、冯乙，从冯甲携带的手提袋中查获三袋甲基苯丙胺，总重量为2596.2885克。

证据考察：在冯甲的手提袋中查获三袋冰毒，冯乙与冯甲从A市到B市一路同行，侦查机关收集的证据能证明冯乙是冯甲涉毒行为的共犯吗？我们对收集在案的证据逐一进行了分析：

（1）犯罪嫌疑人冯甲、冯乙的供述和辩解笔录：与第一起案件所述情形一样，冯甲的供述与辩解，仅承认自己一人在A市购买毒品，冯乙并不知情；冯乙承认到过A市，但从未承认曾参与买卖毒品。

（2）物证：抓获冯甲、冯乙时，在冯甲的手提袋里查获三袋甲基苯丙胺，总重量为2596.2885克，这是事实。但没有证据证明冯乙知道冯甲的手提袋里装有毒品，甚至没有证据证明冯乙曾经接触过冯甲的手提袋。毒品犯罪是故意犯罪，“明知”是必备的主观要件，而侦查机关收集的证据恰恰不能证明冯乙对冯甲涉毒行为的明知。因此，该物证只能证明冯甲有涉毒行为，而对于认定冯乙有毒品犯罪行为则不具有证据意义。

（3）证人证言：出租车司机、客车售票员等人的证言，只能证明冯乙曾经乘坐过他们的汽车，对于冯乙是否有涉毒犯罪行为，他们一无所知。

（4）书证：冯乙手机通话记录、银行账户交易记录中并未发现冯乙毒品犯罪的任何线索。

通过以上分析，我们可以清楚地看到，侦查机关据以认定冯乙两次参与毒品犯罪的证据，远没有达到“事实清楚，证据确实充分，足以排除合理怀疑”的程度。因此，为冯乙作无罪辩护，从证据上看是可行的，从法律上看是可能的，我们对无罪辩护的成功充满了信心。

在充分把握案情证据的基础上，我们向某市人民检察院提交了律师意见书，全面梳理分析了前述在案证据，郑重建议公诉机关以“事实不清，证据不足”依法对冯乙作出不起诉的决定。

2017 年 3 月 27 日，某市人民检察院作出不起诉决定书：“经本院审查并退回补充侦查，本院仍然认为某公安分局认定的犯罪事实不清，证据不足。根据现有证据难以认定被不起诉人冯乙共同参与了冯甲贩卖、运输毒品犯罪，不符合起诉条件。依照《中华人民共和国刑事诉讼法》第一百七十一条第四款的规定，决定对冯乙不起诉。”

次日，被羁押九个月又二十一天之久的冯乙被释放。

辩护律师据理力争，检察机关明察秋毫，使得案件的走向发生了逆转。

【办案心得】

我们曾有过很多成功的辩护案例，案情虽然千差万别，但成功的经验都是相通的。就本案而言，以下几点经验值得总结：

一、永远要有怀疑眼光

侦查机关的起诉意见书在叙述了冯甲、冯乙二人涉嫌犯罪的“事实”之后，在结语中写道：“上述犯罪事实清楚，证据确实、充分，足以认定。”就是面对这样人赃并获、侦查机关认为“足以认定”的案件，我们也同样投以怀疑的眼光。事实证明，怀疑，是成功辩护非常重要的第一步。

二、在事实证据上下足功夫

有说服力的辩护，都是证据说话的结果。接受委托后，我们先后会见冯乙六次，认真听取他对案件事实的陈述，不放过任何一个细节，这对我们能尽快找准案件突破口帮助很大。同时，认真查阅案卷材料，一字一句，反复再三，熟记于心，在这样的基础上，形成自己对案情的全面认识，凝练出令人信服的辩护观点。

三、谨慎而大胆

案情重大，生死攸关，辩护律师自然应当谨慎再谨慎，我们必须对法律深怀敬畏，对生命深怀敬畏，辩护意见中的每一句话，都要有不容置疑的事实和法律依据。

同时，要有敢于辩护的勇气，大案要案面前不心虚、不气短、不畏缩，相信事实的力量，相信法律的权威，正气在胸，仗义执言，旗帜鲜明，一往无前。

20

《威尼斯商人》现代版

——郭某被控合同诈骗罪案

【基本案情】

2005年，郭某因为意大利商人安某担任翻译而相识，自2008年起，安某曾多次委托郭某代办自行车转口贸易业务，交往中彼此取得了信任。

2010年初，安某意欲在中国境内投资经营餐饮业，便委托郭某找店，其间，安某在意大利找到卡某参与共同投资。2010年4月间，安某收到卡某出资款5.5万欧元后分两次转汇给郭某，汇款单用途一栏注明转让费。2010年8月间，郭某找到吴某洽谈接店，吴某告诉郭某其在某市的餐饮公司可以对外转让，并要郭某先到实地了解情况。2010年9月10日，安某将自己的2万欧元转汇给郭某，汇款单用途一栏注明转让费。2010年9月20日至21日，受郭某之邀，安某、卡某来到餐饮公司实地考察，其间，安某、卡某与郭某商议，约定由安某、卡某出资25万欧元承接该店经营权的转让（不含房产权），并约定今后由郭某管理该店的经营。

2010 年 9 月 22 日，郭某与吴某就餐饮公司签订经营权转让协议一份，约定吴某将餐饮公司以人民币 68 万元转让给郭某，即转让该店经营权及物品所有权（不含房产权、原材料货品），由郭某于签订协议当日支付定金 6 万元，余款 62 万元于 2010 年 10 月 10 日一次性付清，并约定违约责任。当日，吴某收到郭某支付的定金 6 万元。2010 年 10 月 1 日，安某收到卡某出资款 5 万欧元后，由安某汇给了郭某，汇款单用途一栏注明转让费。2010 年 10 月 4 日，安某又将自己的 2.8 万欧元汇给了郭某，汇款单用途一栏注明转让费。至此，郭某收到安某汇款共计 15.3 万欧元。

之后，吴某认为按人民币 68 万元的价格将餐饮公司经营权及店内装修、设备转让给郭某，自己亏损较大而反悔，事后，郭某未继续向吴某支付转让费，吴某也未退还郭某 6 万元定金。

2010 年 10 月 27 日，安某、卡某来到某市，与郭某签订转让合同一份，其中甲方是郭某经营的某进出口公司，乙方是安某、卡某，约定“甲方同意将自己所有经营的餐饮公司转让给乙方，乙方同意以 25 万欧元承接该店的经营权及物品的所有权，乙方承诺在本协议签订后的 2010 年 10 月 4 日支付给甲方 13 万欧元，余款于 2010 年 11 月 3 日支付，乙方如在期限内未能付款，前期支付的款项将作为违约金归甲方所有”。郭某在合同最后一页备注“甲方已收到全部转让款 25 万欧元，乙方已取得该店所有权”。

2010 年 10 月 29 日，郭某与吴某签订整体承包经营协议一份，其中约定承包经营餐饮公司期限为21个月，自2010年11月1日起至2012年7月31日止，承包费计人民币40700元/月，郭某应在签订该协议前向吴某支付保证金计人民币30万元。当日，郭某通过银行向吴某汇款24万元，加上之前向吴某支付的转让定金6万元，吴某已收到郭某30万元。

2010年11月，郭某对餐饮公司进行装修，并于12月营业。自2011年1月7日至2011年8月19日，安某又分四次向郭某汇款合计3.612746万欧元，卡某又分三次向郭某汇款合计1.9万欧元，七笔汇款中除有一笔0.55万欧元的汇款单用途一栏注明营业资金外，其余汇款用途一栏均注明装修费。截至2011年8月19日，郭某收到安某、卡某汇款共计20.812746万欧元，其中安某的资金为8.412746万欧元，卡某的资金为12.4万欧元。2011年10月23日，郭某因持续经营亏损把餐饮公司关门停业。

餐饮公司坐落于某市商住楼CD栋，为三层临街店面，系吴某于2002年10月25日向房地产开发公司租赁，租赁期五年，自2002年10月25日起至2007年10月24日止，租金为19700元/月。此后，该场所一直由吴某租赁使用（之后没有签订书面租赁协议）。郭某关门停业后，吴某于2011年11月8日向工商管理机关申请注销某市餐饮公司，于2012年5月25日对公司清算完毕，并将该租赁房屋退还业主。

因投资未有回报，2013年7月，卡某向某区人民法院提起民事诉讼，要求被告上海某进出口公司归还其合约款12.5万欧元，并赔偿其经济损失2.5万欧元。同年11月12日，该院以被告可能涉嫌经济犯罪向某公安分局发函，并移送相关材料。

【案件经过】

因该案为重大涉外刑事案件，某公安分局上报某市公安局立案侦查。

2014年7月18日，在深圳出差的郭某被当地公安机关抓获，后由某市公安局对其刑事拘留，同年8月23日变更强制措施为取保候审。

某市公安局对该案侦查终结后，以郭某涉嫌合同诈骗罪向某市人民检察院移送审查起诉，该院依照刑事诉讼法的规定于2015年4月17日移交某区人民检察院审查起诉。

其间，郭某及其委托的辩护人反复辩解称：郭某根据协议为安某、卡某打理餐饮公司，安某、卡某汇来的款项全部用于餐饮公司的经营活动，因餐饮公司自开业时起至关闭时止一直亏损，故未能向安某和卡某支付盈利回报，郭某其实并未骗取安某、卡某的资金。但因为这样的辩解只是自说自话，没有提供必要的证据支持，无法得到办案机关的采纳。

经审查，某区人民检察院认为郭某的行为已构成合同诈骗罪，且数额特别巨大，于2016年3月21日向某区人民法院提起公诉。

公诉机关经审查认定：2010年上半年，被告人郭某受意大利人安某、卡某之托在中国寻找并购买合适的咖啡厅进行经营，其间与餐饮公司的吴某进行了接洽，该餐饮公司经营场所系吴某租赁施某所有的商住楼 CD 栋二层×-××号。

2010 年 10 月 29 日，郭某以自己的名义与吴某签订了餐饮公司整体承包协议，约定："承包期限为 21 个月，自 2010 年 11 月 1 日至 2012 年 7 月 31 日止。在承包期内郭某不能将店转租转让，也不得将店转包给任何第三人。每月承包费为人民币 40700 元，按月支付。协议终止后郭某应将餐饮公司连同店内的物品、设施、设备一起归还。"且郭某向吴某支付了人民币 30 万元的保证金。与此同时，郭某对安某、卡某声称自己购买该店可转售给二人。2010 年 10 月 27 日，被告人郭某以自己注册的进出口公司的名义与二人签订了餐饮公司整体转让合同，以 25 万欧元转让了经营权及所有权，先后收取了两名意大利人转让费 15.3 万欧元。之后受两名意大利人之托全权经营打理该店，对方在经营期间多次打款用于装修、购物等开支。

2011 年 10 月，餐饮公司因亏损而关闭。同年 11 月施某将店面收回，吴某将店内相关用品搬离。安某、卡某想将该店转让却无法转让，才知道对餐饮公司不具有所有权。

公诉机关认为，被告人郭某以非法占有为目的，隐瞒事实真相，骗取他人转让款 15.3 万欧元（按当时汇率，以欧元兑人民币 1 比 9.2727 计，折合人民币 141.87 万元），数额特别巨大，其行为触犯了《中华人民共和国刑法》第二百二十四条第五项，犯罪事实清楚，证据确实、充分，应当以合同诈骗罪追究其刑事责任。

收到某区人民法院送达的起诉书后，郭某经人推荐前来委托我担任其辩护人。第一次见面，郭某对案件的结果充满了恐惧，介绍案情时显得非常焦急且语无伦次。我耐心听完他的陈述，仔细阅读起诉书认定的事实和起诉的理由，感觉到，如果真像郭某所说，其收取安某、卡某 15.3 万欧元都用于代为打理餐饮公司的经营活动当中，只是因为连月亏损而未能让作为投资人的安某、卡某获得回报，则其行为并未侵犯安某、卡某的财产所有权，因而也就不能构成合同诈骗罪，我应当为他作无罪辩护。但严峻的问题是，案件已经起诉到了法院，而郭某一再辩解的事实却没有任何证据予以支持。

郭某叙述案情虽然语言凌乱，但还是反映出许多十分有价值的细节，我详细地做好记录，经过整理，列出郭某收到安某、卡某投资款后的用途去向，大体包括：（1）为安某、卡某安排往返中国与意大利及中国境内出行支出；（2）租约保证金支出；（3）餐饮公司装修支出；（4）餐饮公司经营中发生的房租、水电、食材采购、员工工资、税负支出。

以上支出项目经郭某认可后，我和郭某有以下一段简短的问答：

问：你为意大利人安排出行发生的支出有支付凭据吗？

答：有。

问：租约保证金有付款凭据吗？

答：有。

问：餐饮公司的装修费用如何证明？

答：有安某亲笔签名的费用清单证明。

问：如何证明餐饮公司连月亏损？

答：有当时的会计填报的经营月报表可以证明，经营期间，每月一报。

问：经营月报表你汇报给意大利投资人了吗？他们有无提出异议？

答：通过电子邮件汇报给安某，每月一报，安某从未提出异议。

问：你打理餐饮公司期间聘用的职员特别是财务和采购人员还能联系到吗？

答：应该可以。

根据以上情况，我交代郭某：

收集所有付款凭据、装修费用清单、经营月报表；

联系专业翻译机构，将电子邮件中与安某交流信息的西班牙文翻译成中文，并将电子邮件中的原始信息和西中对照文本提交公证处作真实性和同一性证明；

联系曾在餐饮公司工作的财务、采购人员，请他们来律师事务所，配合辩护律师调查。

《中华人民共和国刑事诉讼法》规定，人民法院向被告人送达起诉书副本十日后，就可开庭审理。公诉机关于2016年3月21日向人民法院提起公诉，郭某于同年4月13日来我所请求委托辩护，其时间距郭某收到法院送达的起诉书副本已超过十日，也就是说，法院随时可能决定开庭。如果不能在法院开庭前收集到确实充分的辩护证据，法庭辩护将面临极为不利的局面。这就要求我们分秒必争，赶在法院开庭前完成辩护证据的收集整理。

在郭某的配合下，经过连续一个多月的紧张工作，辩护证据的收集整理工作基本完成。经核算，郭某为打理餐饮公司付出的资金数额，大于起诉书指控郭某“骗取”安某、卡某汇给的 15.3 万欧元，从而奠定了我为郭某进行无罪辩护的证据基础。证人黄某在餐饮公司关门后去了浙江，郭某联系她时，被告知已怀孕在身即将分娩，不能到律师事务所接受律师询问。黄某曾是餐饮公司的会计，经营月报表的填报人，其证言对餐饮公司经营亏损这一待证事实具有直接的证明作用。为了取得这一重要证据，我不远千里找上门，拿到了黄某亲笔签名的证言笔录，其所述情况与郭某辩称的情况高度一致。

我把收集到的证据归类汇总，装订成册。看着一个多月辛苦付出换来的近一尺厚的书面证据，我坚信，被指控犯有合同诈骗罪的郭某终将被洗脱嫌疑。

郭某被控合同诈骗罪一案

辩护证据目录

一、书证

1. 郭某向安某支付人民币 8400 元的银行交易流水单 1 份 1 页；

2. 郭某为安某和卡某二人支付机票款人民币 17390 元信用卡刷卡记录单 1 份 4 页，电子机票 23 份 12 页；

3. 某公证处（2016）某字第×××号《公证书》1 份 91 页，被证明邮件的《西中翻译文本》1 份 81 页；

4.《餐饮公司营业日报表》（2010 年 12 月~2011 年 10 月）1 组 304 页；

5. 餐饮公司 2011 年 4 月营业月报表 1 份 2 页。

以上证据共同证明：郭某在代理安某、卡某经营餐饮公司过程中，为代理事务支出金钱的数额已超过安某、卡某支付给郭某的 15.3 万欧元，其行为不可能侵犯安某、卡某的财产所有权，因而不可能构成合同诈骗罪。

二、证人证言

1. 餐饮公司收银员江某鑫证言 1 份 3 页。证明：

①郭某通过电子邮件发给安某的餐饮公司 2010 年 12 月~2011 年 7 月营业月报表的内容是真实的；

②《餐饮公司营业日报表》的内容是真实的；

③餐饮公司自 2010 年 12 月至 2011 年 7 月的经营持续亏损。

2. 餐饮公司会计张某证言 1 份 5 页。证明：

①餐饮公司 2010 年 12 月至 2011 年 6 月的财务账目均经会计张某、郭某和意大利老板三方核对，各方均无异议；

②餐饮公司 2011 年 4 月营业月报表的内容是真实的；

③《西中翻译文本》第 56~57 页（应为第 57~58 页）内容

是张某手写的，第58页（应为第59页）内容是张某、郭某和意大利老板三方对账资料，经意大利老板签字确认；

④餐饮公司2010年12月至2011年6月持续亏损。

3. 餐饮公司采购人员简某超证言1份4页。证明：

①餐饮公司2010年12月~2011年9月经营月报表中记载的采购支出及水、电、气等各项费用支出都是真实的；

②餐饮公司自开业至关门，每个月都亏损几万元；

③意大利老板每个月都会来核对账目，查阅采购报单情况。

4. 餐饮公司会计黄某证言1份4页。证明：

①2011年7月~2011年10月《餐饮公司营业日报表》填报的内容是真实的；

②餐饮公司经营亏损，亏空均由郭某掏钱解决。

5. 医院医生杨某（郭某同学，懂法语）证言1份5页。证明：

杨某曾于2011年正月来某市与同学郭某相会，其间与安某共餐交谈，安某明确告知杨某，餐饮公司是安某租赁经营的。

6. 餐饮公司大堂经理邱某证言1份3页。证明：

①意大利老板是租赁经营餐饮公司；

②餐饮公司亏本经营。

7. 餐饮公司外场主管程某证言1份4页。证明：

①餐饮公司是意大利老板租赁经营的；

②餐饮公司亏损严重难以支撑，亏损的钱只能由郭某承担。

完成证据收集，法院还没有通知开庭。我知道，案情重大复杂，又有涉外因素，法官们格外谨慎。我正好可以利用这个间隙，与公诉机关沟通联系，尽一切可能为我的辩护观点争取获得认同的机会。

我拟好一份律师意见书，抱着我收集到的辩护证据，一起送到检察院交给主诉检察官，又口头陈述我的辩护理由，希望能够得到公诉机关的采纳，撤回对郭某的起诉。律师意见书内容如下：

某区人民检察院：

郭某涉嫌合同诈骗罪一案已由贵院向某区人民法院提起公诉，我依法接受郭某的委托，担任其辩护人，参与本案的诉讼活动，维护郭某的合法权益。现根据事实和法律，提出以下律师意见，供贵院参考：

贵院起诉书认定了两个基本事实：其一，意大利人安某、卡某因与餐饮公司有关的事务共付给郭某 15.3 万欧元；其二，两位意大利人经营的餐饮公司是委托郭某打理的。

通过深入调查，我已经收集到一系列证据，能够充分证明：郭某为两位意大利人打理餐饮公司，其间代为承担费用及亏损已经超过了 16 万欧元。但这一对案件的性质有着决定性影响的事实，却被两位意大利人刻意地隐瞒了下来。

事实胜于雄辩，不是郭某骗了意大利人的钱，而是意大利人欠着郭某的债。

安某、卡某都是商人，追逐利益是商人的本性，这无可厚非。但利益有着这样的魔法：它能让利益的追逐者变成它的奴仆，让诚实的人变得狡诈，让善良的人变得残忍。说到商人和利益，我自然地想起了莎士比亚的传世名作《威尼斯商人》。

威尼斯商人安东尼奥为了帮助朋友，向曾有嫌隙的犹太富商夏洛克借贷三千块金币，因用于抵押的货船倾覆而无法按时还债，出于泄愤，夏洛克拒绝接受任何替代偿债方式，坚持要兑现契约：以割下安东尼奥近心口处的一磅肉作为对违约者的惩罚。故事最终虽因律师鲍西娅的过人智慧而以喜剧结束，但夏洛克的冷血残忍还是让人只要想起就不寒而栗。

安东尼奥是意大利威尼斯的商人，其差点成为夏洛克刀下的牺牲品，让人心生无限同情，但安东尼奥毕竟欠着夏洛克三千块金币，是夏洛克的债务人。郭某不欠安某、卡某的钱，恰恰相反，是安某、卡某倒欠郭某代其支付的费用，作为债务人的安某、卡某，竟然隐瞒这一关键事实，为获得不法利益而构陷他人，报案谎称郭某诈骗其 25 万欧元（经贵院审查认定诈骗金额为 15.3 万欧元）。

中国的司法机关应当依法保护外国商人的合法权益，但也绝不能容许外国商人诬告中国公民。为维护郭某的合法权益，建议贵院在全面查清事实的基础上，撤回对郭某的起诉，并依法作出不起诉的决定。

以上意见，请予审议。

公诉机关并未采纳我提出的撤回起诉的意见。

我设定的辩护目标，只能寄希望于法庭辩论了。我提前把辩护证据交给主审法官，并把我提交公诉机关的律师意见书一并送法官审阅，期望法庭了解和重视我的辩护观点，审慎判断案情，在尊重事实证据的基础上，采纳我的辩护意见，作出公正的判决。

2017年8月23日，某区人民法院开庭审理郭某被控合同诈骗案。法庭调查结束后，我立足于确凿的证据，发表了下面的辩护词：

审判长、陪审员：

被告人郭某因被某区人民检察院指控犯有合同诈骗罪，委托我担任其辩护人，受江西景扬律师事务所指派，我依法出席今天的法庭，履行辩护律师的法定职责，为郭某提供辩护，依法维护其合法权益。

我认为，郭某的行为不能构成合同诈骗罪，依照《中华人民共和国刑事诉讼法》第三十五条的规定，我在本案中的责任，就是为郭某作无罪辩护。现根据事实和法律，提出以下具体辩护意见，供合议庭参考：

一、安某和卡某对自己不能取得餐饮公司的所有权有确定的预见，其未能取得餐饮公司的所有权，并非受骗的结果

我说安某和卡某对自己不能取得餐饮公司的所有权有确定的预见，是得到公安机关收集在案的证据支持的。

郭某与安某、卡某在《转让合同》第一条中约定餐饮公司的转让价为25万欧元。在《转让合同》第二条中，双方就转让款的支付方式及其付款违约的后果作出约定：“转让费乙方分两次支

付，承诺在本协议签订后的2010年10月4日支付给甲方130000欧元，余款于2010年11月3日支付。全款到账后该餐饮公司的经营权及以上物品的所有权即转移给乙方，否则不发生转移的法律效力。如乙方在本合同签订后在2010年11月3日不将余下的转让费汇给甲方，则乙方给甲方前期的支付作为违约处理，无偿给甲方。”

公诉机关经审查认定，郭某“先后收取了两名意大利人转让费共计15.3万欧元”。依约应付25万欧元，实际只付15.3万欧元，这样的事实总不能说安某和卡某是受了郭某的欺骗而不知情吧？未付清转让费的后果在合同中有白纸黑字的约定，这样的事实总不能说安某和卡某是受了郭某的欺骗而不知情吧？到2010年11月3日付款期限届满，意大利人没有付清约定的转让款，为自己的违约行为承受自己亲自设定因而完全可以预见的法律后果，这是逻辑的必然，所谓的被欺骗，当然无从谈起。

二、安某和卡某对自己从来就不是餐饮公司的所有权人有确定的明知，对自己只是餐饮公司的承包经营者而不是所有权人的身份从未有过任何质疑

如前所述，安某和卡某毫无疑问是知道自己因为违约而不可能得到餐饮公司的所有权的。没有取得咖啡厅的所有权却又经营着咖啡厅，合情合理的解释只能是：郭某向安某和卡某如实告知了承包经营权转让的事实，安某和卡某完全清楚，自己实际受让的就是咖啡厅的承包经营权而不是所有权。

支持这一观点的证据有郭某的辩解，证人杨某、邱某、程某的证言。如果说这些证据或多或少带有主观色彩还不足以令人信服，我们还可以让以下客观证据为事实说话：

自安某和卡某受让经营时起直到该公司因其经营不善而倒闭时止，公司的工商登记一直没有变更，税务登记、防火安全责任主体登记、食品卫生责任主体登记等，无一例外地也都一直没有变更。

餐饮公司的股东是吴某和黄某，法定代表人是吴某。股东是公司权利（包括公司股权和公司财产所有权）的享有者和公司责任的承担者，安某和卡某一天也没有承担作为公司所有权人应当承担的对国家、对法律、对社会的责任，怎么可能享有公司所有权人的权利呢？尤其值得一提的是，餐饮公司因安某和卡某经营不善而关门倒闭，安某和卡某一走了之，公司终止解散的清算事宜，是由公司股东吴某和黄某依法完成的。

公司的工商登记、税务登记等证照，按规定是公示于公司营业场所的显著位置的，安某和卡某不可能不知道其上面登记的不是自己的名字。明知法定登记的所有权人不是自己却不要求进行变更，除了其明知并认可自己就是承包经营者以外，我们还能作出其他合乎逻辑的解释吗？

三、郭某没有非法占有安某和卡某财物的主观故意，也没有侵吞安某和卡某财物的客观行为

这两点很好证明：

安某和卡某接下餐饮公司的承包经营权之后，委托郭某“全权经营打理”。如果郭某主观上有非法占有安某和卡某财物的主观故意，那15.3万欧元就是到嘴的肥肉，打理咖啡厅的费用就会要求安某和卡某另行支付，而不会从自己已经得到的15.3万欧元中回吐。事实上，餐饮公司经营十一个月，月月亏损，而安某和卡某分文未出，维持经营的资金全由郭某从前述15.3万欧元中支出。特别应当指出的是，郭某从来没有向安某和卡某催讨过其支出的款项，这种“羊毛出在羊身上”的行为，无论如何也不能解释为侵吞他人财物吧？

四、安某和卡某的财物未因“被骗”而损失一分一毫，恰恰相反，是安某和卡某欠着郭某为他们付出的垫资款赖账不还

我在开庭前已向法庭提交了确实、充分的证据，证明：郭某收到安某和卡某15.3万欧元，为打理咖啡厅付出16.3811万欧元，两相抵销，安某和卡某倒欠郭某1万余欧元，至今未还。这就是说，财产权利受到侵害的是郭某而不是安某和卡某，真正的被害人是郭某而不是安某和卡某。

一个具体的犯罪能够得以成立，有赖于犯罪构成要件的完全具备。指控郭某的行为构成合同诈骗罪，除其主体身份是一个有完全刑事责任能力的自然人以外，其余如主观方面、客体和客观方面则无一具备。因此，我有充分的理由说：郭某是无罪的。

审判长、陪审员：郭某因涉嫌本案，曾被刑事拘留一月有余，之后于2014年8月23日被取保候审。今天，人民法院终于公开

开庭审理本案，我期待着公正的审判之后是公正的无罪判决。本案审查起诉期间，我曾向检察机关提交过一份律师意见书，其中的两句话，作为今天辩护词的结语：“中国的司法机关应当依法保护外国商人的合法权益，但也绝不能容许外国商人诬告中国公民。”

以上意见，请予审议。

庭审结束后，因案情重大复杂，合议庭宣布待合议后再择期宣判。

庭审虽然结束，但工作一直在紧张进行。主审本案的法官是一位经验丰富的资深法官，对控辩双方证据的审查极其细致，不放过任何一个疑点，没有得到合理的解释，没有证据间的相互印证，不可能被他采信为定案的依据。为了查明证据的真伪，判断证据的证明力，他常会打电话通知我去法院当面作出说明。

2018 年 5 月 25 日，某区人民法院对本案作出一审判决。在对控辩双方证据进行详细的评判分析之后，某区人民法院认为：本案涉及罪与非罪的争议，被告人郭某是否构成合同诈骗罪，关键在于其主观上是否具有非法占有合约款 15.3 万欧元的犯罪故意，客观上是否非法占有了 15.3 万欧元。

1. 犯罪的主观方面：（1）郭某受聘为安某找店期间，郭某与餐饮公司业主吴某有接店洽谈的事实，安某、卡某是在亲赴餐饮公司实地考察后，同意并接受按 25 万欧元的价格与郭某转签合约的；（2）郭某所收 15.3 万欧元，是安某于 2010 年 10 月 4 日前，以银行汇款方式转付给郭某的，在此期间，郭某与吴某所签有关餐饮公司的转让协议，仍在履约期内；（3）2010年10月27日，郭某虽隐瞒吴某之前反悔违约的事实，但安某、卡某在签订转让合同时，是否提前履约支付25万欧元中的余款9.7万欧元，除郭某在转让合同中的备注内容外，没有相关的客观性证据印证，安某所称“其在签约前已现金支付9.7万欧元”的证言，不具有客观性、排他性；（4）2010年10月29日，郭某与吴某签订有关餐饮公司整体承包经营协议后，已于同年11月开始装修、营业，至2011年10月中旬关门停业。为此，公诉机关在未能充分证实安某、卡某是否完全履行转让合同的情况下，根据郭某先后签订的转让协议、转让合同、整体承包经营协议，尚无法确定郭某主观上具有不履行转让合约及以整体承包经营合约套取转让合约款15.3万欧元的犯罪故意。

2. 犯罪的客观方面：（1）2010年9月21日，郭某与吴某签订餐饮公司转让协议时，已向吴某支付履约定金6万元，该合约未能履行是吴某的反悔违约所致；2010年10月29日，在转让合约未能继续履行的情况下，郭某与吴某又签订了有关餐饮公司整体承包经营协议，在客观上实现了安某、卡某投资经营的目的。（2）郭某受聘为安某、卡某管理餐饮公司经营期间，是否盈利及盈利多少、是否亏损及亏损多少，以及郭某是否虚构合理支出，公诉机关未能充分证实。为此，郭某在与安某、卡某签订转让合同后，是否非法占有对方15.3万欧元，事实不清，证据不足。

3. 本案中还存在以下没有查清的事实：（1）安某委托郭某找店，在郭某尚未找到店的情况下，安某便将卡某的5.5万欧元汇给郭某，此与郭某提供的电子邮件中涉及的内容，即安某要求郭某将接收款中的3.5万欧元转汇至安某在中国广州的银行账户，此邮件内容是否真实、是否与本案存在关联性，事实不清；（2）在郭某与餐饮公司业主吴某洽谈接店期间，安某虽然携同卡某一起亲赴某市实地考察，却没能与吴某直面商议，在此情况下，安某仍认为25万欧元是合理的接店价格，并由郭某从中转签合约，安某让郭某转签合约的目的不明确；（3）2010年10月4日前，安某在郭某未能提供其对外接店应支付相关费用凭证的情况下便向郭某转汇15.3万欧元，其中有卡某的10.5万欧元，2010年10月27日，安某在郭某未能提供其对外接店所签相关合约的情况下，不仅签订转让合同，并称其“在2010年6月、7月、8月间分三次向郭某现金支付转让费9.7万欧元”，此与郭某在转让合同中备注的内容虽形式要件相符，但与转让合同中约定的履约内容不符，且缺失客观性证据印证，安某是否实际支付转让费25万欧元不明确；（4）2013年7月间，卡某向法院提起民事诉讼，而安某作为合伙人却没能共同提起诉讼，存在无法解释的疑问；（5）郭某提供其与安某、卡某往来的电子邮件中，涉及经营亏损账单及亏损金额人民币87万余元，为安某垫资自行车货款金额合计人民币50万余元，公诉机关未能核查；对于郭某辩称其为安某、卡某订购往返机票，为餐饮公司装修，为整体承包经营餐饮公司支付保证金等款项，公诉机关也未能核查剔除。

据此，公诉机关指控被告人郭某非法占有他人15.3万欧元，现有证据尚无法组成完整的证据锁链，尚未达到证据确实、充分的法定证明标准，事实不清、证据不足，指控被告人郭某犯合同诈骗罪的罪名不能成立。

某区人民法院依据《中华人民共和国刑事诉讼法》第一百九十五条第三款、最高人民法院《关于适用〈中华人民共和国刑事诉讼法〉的解释》第二百四十一条第一款第四项之规定，判决如下：

一、郭某无罪；

二、随案移送的扣押自被告人郭某银行卡七张、公章一枚、笔记本电脑一台、护照一本、银行U盾一个，发还给被告人郭某。

一审宣判后，公诉机关认为原审判决认定事实确有错误，向某市中级人民法院提出抗诉，并详列五点理由支持其抗诉主张：（1）本案事实清楚；（2）郭某主观上有非法占有他人15.3万欧元的故意，客观上骗取了两名意大利人15.3万欧元转让费，其行为构成合同诈骗罪；（3）郭某与两名意大利人签订的转让合同实际已执行；（4）原审法院将郭某非法占有15.3万欧元合同转让款与后期经营牵连在一起，是认定事实错误；（5）本案证据确实充分，互相印证，形成完整的证据链。据此，请二审法院依法改判。

认真研究抗诉书之后，我认为，公诉机关的抗诉理由不足以动摇原审法院无罪判决的基础，又因郭某家庭经济困难，我建议他不要委托律师，按照我一审辩护的思路在二审中自行辩护。

某市中级人民法院经审理认为原判事实不清，证据不足，裁定将本案发回原审法院重新审判。郭某再次委托我担任辩护人。

重审开庭，公诉人申请法院通知“被害人”安某和翻译人员到庭，意在证明郭某不仅骗取了起诉书认定的15.3万欧元，还骗取了意大利人以欧元现金支付的9.7万欧元，合计诈骗金额为25万欧元。

根据新的情况，我针对性地准备了详尽的辩护方案，在法庭上，我发表了下面的辩护词：

审判长、审判员：

郭某被控合同诈骗罪一案，前由某区人民法院以“事实不清，证据不足，指控的犯罪不能成立”为由，对被告人郭某宣告无罪。公诉机关不服原审判决提出抗诉，某市中级人民法院裁定发回重审。我接受郭某的委托，继续担任其辩护人，参与本案一审的诉讼活动，依法维护郭某的合法权益。

本案发回重审后，又经一系列的补充调查，立足于业已收集在案的全部证据，我有更充分的理由认为，郭某的行为确实不能构成合同诈骗罪。现根据事实和法律，再次提出以下辩护意见，供合议庭参考：

一、郭某没有骗取涉案款项15.3万欧元

安某、卡某支付给郭某15.3万欧元是事实，但这是二人委托郭某在中国境内代为寻购咖啡厅而主动预先付出的款项，与所谓的被骗没有任何关系。事实证明，他们支付给郭某15.3万欧元，并非郭某骗取钱财的结果。

本案中，与餐饮公司有关的合同共有三份，第一份是吴某与郭某于2010年9月22日签订的转让合同，第二份是郭某与安某、卡某于2010年10月27日签订的转让合同，第三份是吴某与郭某于2010年10月29日签订的承包合同。

安某、卡某分五笔共支付给郭某15.3万欧元，分别是2010年4月6日支付3.5万欧元，9月8日支付2万欧元，9月10日支付2万欧元，10月1日支付5万欧元，10月4日支付2.8万欧元。可以清楚地看出，最早一笔3.5万欧元早在4月6日就已付出，最迟一笔支付于10月4日。

安某、卡某都说，从来就不知道吴某与郭某于2010年9月22日、10月29日签订的转让合同和承包合同。

以上证据明明白白地告诉我们，安某、卡某向郭某支付15.3万欧元时，并未与郭某签订餐饮公司转让合同，15.3万欧元的付出，与签约受骗没有关系，与他们并不知道的另两份合同当然就更没有关系了。

公诉机关的抗诉书认定：郭某于2010年10月27日与安某、卡某签订了《转让合同》，约定把自己所有经营的餐饮公司的经营权、店内的整体装修，包括家具、用品等作价25万欧元转让给安某和卡某，并收取了15.3万欧元的转让费。我认为，这样的认定背离了客观事实的真相，颠倒了事实发生的时间顺序，虚构了并不存在的因果关系，在认定案件的基本事实方面，出现了严重的、根本性的错误。

二、安某、卡某关于被骗的陈述均属虚假

第一，安某、卡某说不知道自己只有餐饮公司的经营权而没有所有权，但《转让合同》明明有白纸黑字的约定，取得咖啡厅所有权的前提条件是在2010年11月3日前付清转让款25万欧元。公诉机关经严格审查，认定二人仅付出15.3万欧元，没有付清约定的转让款就不能获得所有权，作为商人的安某、卡某会不知道吗？很明显，他们的这一陈述是虚假的。

第二，安某、卡某坚持说25万欧元转让款已付清，其中，转账支付15.3万欧元，另外9.7万欧元，是安某、卡某在2010年6、7、8月分三次共付给郭某现金9万欧元，差额部分以人民币付清。如果真是这样，那么安某、卡某怎么会在之后10月27日的《转让合同》上作出以下承诺：2010年10月4日付款13万欧元，余款（12万欧元）于2010年11月3日支付。如乙方（安某、卡某）在2010年11月3日不将余下的转让费汇给甲方（郭某），则前期的支付作违约处理，无偿给甲方。

第三，为了让人相信其付款的真实性，安某、卡某说“我们每人从意大利到中国身上最高可以携带1.5万欧元”。但根据国家外汇管理局、中国海关总署的规定，外国人入境，每人每次仅能携带不超过5千美元等值的现金，折合欧元仅为3千余元，超出部分必须向海关申报。

第四，安某以合作经营咖啡厅的名义与卡某共同出资，但其中的5.3727万欧元竟被安某用于自己的自行车经营活动。在这样的事实面前，不知卡某作何感想?

此外，还有很多虚假陈述的情节：

例如，安某于2011年1月28日转账付给郭某1.5万欧元，明明是委托郭某购买自行车，却向侦查机关谎报用途为餐饮公司的装修费，好在这一次公、检、法联合调查，在铁的事实面前，安某才不得不承认这一情节。

又如，餐饮公司经营期间，安某每个月都收到了郭某通过电子邮件发出的月报表，却向侦查机关谎称郭某没有向他报告经营情况，或只报告了一两次。

再如，安某委托郭某经办自行车业务，其收到的交货凭据如发票、原产地证、提货单等一应俱全，却还在司法机关的联合调查面前矢口抵赖。

我之所以要列举安某、卡某的种种虚假陈述情节，是因为除了他们的陈述之外，本案并没有一份能够证明郭某有诈骗行为的客观证据，如果轻信他们的陈述，则必将导致对案件事实的错误认定，进而对案件性质做出错误的判断。值得庆幸的是，原审判决并未采信上述虚假陈述，我有理由相信，将来的判决更不会采信这样的虚假陈述。

三、不是郭某诈骗钱财，而是意大利人赖账不还

接受餐饮公司的经营权之后，安某、卡某委托郭某打理经营，

但在11个月的经营时间里，咖啡厅每月平均亏损约人民币8万元之巨，而安某和卡某却一毛未拔，房租、水电、餐饮原料、员工工资、国家税收等维持经营必须付出的资金从哪里来？当然只能是来自安某、卡某支付给郭某的15.3万欧元。这也从另一个侧面证明，两个意大利人都明知他们付出的15.3万欧元是为自己的利益用来维持餐饮公司的经营的，是被他们自己一个铜板一个铜板花光的。

原审判决经认真核算认定：郭某为管理餐饮公司经营，实际收到的汇款为人民币1790812元（欧元折合人民币），郭某辩称实际支出人民币1790669元，差额为人民币143元。对于郭某及其辩护人提出的抗辩证据，公诉机关未能充分核查，逐一排除，现有证据之间存在无法排除的矛盾，故该事实不清。

我认为，原审判决这样的认定是谨慎的、实事求是的。

原审时，我还提出，郭某为安某、卡某打理咖啡厅，安某、卡某承诺付给其工资为每年2.5万欧元，而实际上郭某分文未得。从公诉机关提供的证据看，安某、卡某承认应付郭某工资每月人民币5000元，另加利润的10%。在接受公、检、法联合调查时，安某再次承认应付郭某工资每月人民币5000元，这笔钱迄今未付。从有利于意大利人的角度考虑，至少应认定，郭某的固定劳动报酬为每月人民币5000元，安某、卡某拖欠了郭某11个月的劳动报酬，总计为人民币55000元。原审判决以未明确约定2.5万欧元薪金报酬为由，对我的该项辩护意见“暂不作评判”，现在，已经有足够充分的证据能够认定安某、卡某应付未付的薪金报酬为人民币55000元，依法当然应该计入郭某支出的金额之中。调整后，收支差额为人民币54857元。这样的事实无可争辩地证明，不是郭某骗取了意大利人的钱财，而是意大利人拖欠了郭某的劳动报酬赖账不还。

审判长、审判员：在尊重事实、尊重证据的基础上，我依法提出了以上辩护意见，请合议庭结合我的原审辩护意见，在对本案进行合议时一并予以考虑。事实告诉我们，郭某是无罪的，因此我坚信，人民法院的公正判决，终将还其清白。

以上意见，请予审议。

重审合议庭对本案事实认定和法律适用极为谨慎，先后于2019年6月5日和2020年3月19日两次公开开庭审理。2020年4月22日，公诉机关向某区人民法院提交撤回起诉决定书，以证据不足为由，决定撤回对被告人郭某的起诉。两天后，某区人民法院作出刑事裁定书，裁定准许某区人民检察院撤回起诉。

2020年5月21日，公诉机关作出不起诉决定书：

本案由某市公安局侦查终结，以被不起诉人郭某涉嫌合同诈骗罪向某市人民检察院移送审查起诉，某市人民检察院于2015年4月17日移交本院审查起诉。本院受理后，于2015年4月20日已告知被告人有权委托辩护人，2015年4月20日已告知被害人有权委托诉讼代理人，依法讯问了被告人，听取了辩护人、被害人及其诉讼代理人的意见，审查了全部案件材料。本院于2015年5

月20日第一次退回侦查机关补充侦查，侦查机关于2015年6月19日补查重报；于2015年9月7日第二次退回侦查机关补充侦查，侦查机关于2015年10月28日补查重报。本院于2016年3月18日向某区人民法院提起公诉，2018年5月25日某区人民法院以事实不清、证据不足判决郭某无罪。2018年6月1日本院提请抗诉，2018年9月19日某市中级人民法院发回重审，某区人民法院于2018年9月29日通知本院阅卷，2018年10月18日和2019年3月28日两次发函建议本院补充侦查，本院两次退回公安机关补充侦查。本院于2020年4月21日决定撤回起诉，2020年4月29日收到某区人民法院刑事裁定书准许撤回起诉。

某市公安局移送审查起诉认定：

2010年10月29日犯罪嫌疑人郭某在某市与吴某签订了餐饮公司整体承包协议，双方约定郭某在承包期内不能将店转租或让租给任何第三方。但郭某却对意大利人安某谎称自己将该店购买下来了，并于2010年10月27日与两名意大利人签订了餐饮公司整体转让协议，骗取转让费22.8127万欧元。

经本院审查并退回补充侦查，本院仍然认为某市公安局认定的犯罪事实不清、证据不足，郭某的行为不符合起诉条件。依照《中华人民共和国刑事诉讼法》第一百七十五条第四款的规定，决定对郭某不起诉。

被不起诉人如不服本决定，可以自收到本决定书后七日内向本院申诉。

被害人如不服本决定，可以自收到本决定书后七日内向某市人民检察院申诉，请求提起公诉；也可以不经申诉，直接向某区人民法院提起自诉。

法定期限届满，安某和卡某没有提出请求上级人民检察院提起公诉的申诉。至此，本案终于画上了圆满的句号。

21

此骗与彼骗

——吴某涉嫌贷款诈骗罪不起诉案

【基本案情】

刘某、郑某是朋友，刘某从业房屋中介，郑某打工为生。

刘某在业务活动中悟出一个生财妙招：找一家房屋卖主，约定赊购价格，开票办证至买主名下，以赊购所得房屋向银行申请抵押贷款，寻一评估机构高评房价，以评估价作一定折扣后取得贷款，所得贷款高于约定的房屋赊购价，付清购房款后的差额部分成为获利。银行贷款本息任其逾期，最后，贷款银行只能向法院起诉，拍卖抵押房屋结案，所受本息损失，列入坏账了事。因为取得银行贷款的流程看起来都是合法合规的，行为人的空手套白狼行为屡屡得手而几乎无风险。

刘某、郑某都需要钱，刘某向郑某提议通过上述手段弄钱，二人一拍即合。

刘某、郑某二人物色到某市购物广场×号店门面房，该房登记所有权人为吴某之兄投资设立的房地产开发公司，房屋的实际控制人为吴某。身为房地产开发公司财务人员的吴某，为了卖房变现，不惜利用掌握公司印章和发票的便利，帮助刘某、郑某二人造假，因而卷进了本案，成为了犯罪嫌疑人。

郑某以购房人身份与吴某商妥：实际销售价为144万元，在未交付房款的情况下，以51万元金额的销售不动产发票办理好房产登记手续至郑某名下（为少缴税费而故意写低销售价），再开具一份虚假的售房发票，虚填售房金额为245.0686万元。之后，郑某找到银行请求办理房屋抵押贷款，按照银行的要求，委托房地产评估事务所作价格评估，该所出具评估报告确定评估价为296.55万元。由于申请的是流动资金贷款，银行要求郑某提供其具有经营实体和经营业绩的证明，郑某又请求吴某帮忙，吴某以自己所在公司的房屋为标的物，与郑某签订虚假的房屋租赁合同，郑某以并无实际租赁关系的房屋作为自己的经营地址，工商登记注册成立陶瓷艺术馆，吴某又借用自己姐姐开办的陶瓷文化交流中心的名义，与郑某签订虚假的陶瓷购销合同，郑某再伪造银行交易流水单，以证明自己开办的艺术馆有实际资金需求和还贷能力。贷款银行经审核认为符合放贷条件，以抵押房屋评估价296.55万元的六折，向郑某放贷人民币170万元。

获得贷款后，吴某收取了卖房款140万元，余30万元被郑某、刘某二人分取。

三年后，未还贷款本息达200余万元，银行向郑某催讨无果，遂向某区人民法院提起诉讼，判决生效后，贷款银行申请法院执行抵押房屋清偿借款本息，经贷款银行委托不动产评估公司评估，涉案房屋价格被“预评”为 89.12 万元。该价格不足放贷前房地产评估事务所评估价格 296.55 万元的三分之一，贷款银行认为郑某有骗取银行贷款的嫌疑，于 2017 年 11 月 2 日向某公安分局报案，由此案发。

【案件经过】

公安机关以犯罪嫌疑人涉嫌骗取贷款罪立案侦查，报请某县人民检察院批准逮捕时，该院认为犯罪嫌疑人以非法占有为目的骗取银行贷款，决定批准逮捕时对本案定性为贷款诈骗罪。案件侦查终结后，于 2018 年 6 月 27 日以犯罪嫌疑人郑某、刘某、吴某涉嫌贷款诈骗罪将本案移送某县人民检察院审查起诉。

吴某的近亲属委托我担任吴某的辩护人。

本案涉嫌罪名定为贷款诈骗罪，涉嫌诈骗金额为贷款金额 170 万元与某不动产评估规划测绘公司对涉案房屋作出的评估价 89.12 万元之差，即 80.88 万元。

骗取贷款罪与贷款诈骗罪，无论是从文字上看还是从行为特征上看，都有着非常高的相似度，但这是性质上有着重大差别的两个罪名。从客观上看，二者取得贷款的手段都是“骗”，其区别在于：骗取贷款者的主观目的是骗取贷款的使用权，而贷款诈骗者的主观目的是骗取贷款的所有权。主观上的有借有还和有借不还，是二者的根本区别。

虽然都是“骗”，但有借有还与有借不还不仅反映了行为人主观恶性的大小，更反映出行为人之行为造成社会危害性的大小，因此，刑法按照罪、责、刑相适应的原则，对二者规定了轻重不同的刑罚。以本案涉嫌犯罪的数额论，如果确定罪名为骗取贷款罪，则法定刑为三年以下有期徒刑或者拘役，并处或者单处罚金；而如果确定罪名为贷款诈骗罪，则法定刑为十年以上有期徒刑或者无期徒刑。可见二者差别之大。

通过了解案情，我注意到以下事实：

第一，对同一房屋，不同的评估机构作出的价格评估结果不同是常态现象；

第二，没有证据证明将涉案房屋价格评为296.55万元是犯罪嫌疑人影响操纵的结果；

第三，房地产评估事务所是列入国家司法鉴定机构名册的具有国家法定评估资格的评估机构，而不动产评估公司则是未入册的评估机构，并且，房地产评估事务所出具的是正式评估报告，而某不动产评估规划测绘公司出具的却是特别注明为“不具备任何法律效力”的“预评”报告；

第四，吴某帮助出具的发票、合同等虽是名实不符，但对涉案抵押房屋的价格并不产生影响。

根据以上事实，我认为，没有证据证明吴某主观上有帮助刘某、郑某诈骗银行贷款的犯罪故意，其行为构成的是骗取贷款罪而不是贷款诈骗罪。

尽管我知道要想在检察机关审查起诉时改变其自己的看法会

有多大的难度，但我必须迎难而上，竭尽全力以理服人，力争在审查起诉阶段实现我的辩护目的。为此，我精心撰写了以下这篇律师意见书，及时送到主诉检察官的手里。

某县人民检察院：

犯罪嫌疑人吴某涉嫌贷款诈骗罪一案，由侦查机关侦查终结移送贵院审查起诉。我接受吴某的委托，并受江西景扬律师事务所指派，担任吴某的辩护人，依法维护其合法权益。现根据事实和法律，提出以下律师意见，供贵院审查起诉时参考：

一、吴某行为的性质是骗取贷款而不是贷款诈骗

骗取贷款和贷款诈骗，性质不同却极易混淆。其相同点是：都以欺骗手段获取银行贷款；其不同点是：骗取贷款者主观上并无非法占有的目的，而贷款诈骗者的主观目的就是非法占有。

主观目的存在于人的内心，他人无法窥测，判断其有无，只能借助于外在的客观证据。

（一）现有证据不能证明犯罪嫌疑人具有非法占有银行贷款的目的

本案所涉贷款，是由银行审核认可估价的房屋所有权作为还款担保的抵押贷款。一般情况下，如果借款人不能清偿到期借款，贷款银行可以通过诉讼程序拍卖变现实现债权。因此，非法占有银行贷款的目的无从谈起。

本案的特殊性在于，侦查机关认定，用于抵押的房屋，其价值被人为高估，房屋的实际价值低于贷款数额。

涉案银行之所以同意对郑某发放170万元贷款，决定性的因素就是郑某提供了评估价为296.55万元的商铺房作为保证还款的抵押物。该评估由具有国家法定评估资格的房地产评估事务所作出。

侦查机关认定抵押房屋的“价值不过百万”，根据的是某不动产评估规划测绘公司于2017年12月25日发出的《房地产预评价格通知单》，评估由银行委托，该通知单“预评”郑某提供的抵押房屋价值为89.12万元。

我认为，某不动产评估规划测绘公司发出的通知单不可作为涉案房屋价值的确定依据。理由是：

第一，该通知单在附注栏特别提示：“此预评结果不具备任何法律效力，估价结果以正式估价报告为准”，而案卷中并无正式估价报告附卷；

第二，更重要的是，经查，在《国家司法鉴定人和司法鉴定机构名册》中，某不动产评估规划测绘公司未见列名。这就是说，不动产评估规划测绘公司并不具备价格评估的司法鉴定资格，其对涉案房屋价值的预评结果又怎能被采信为刑事案件的定案依据呢？

上述事实说明，没有令人信服的证据证明涉案房屋的价值被人为高估。因此，以“人为高估”涉案房屋价值为由，认定犯罪嫌疑人主观上具有非法占有银行贷款的目的，是不能成立的。

（二）假定涉案房屋的价值确有人为高估，也不能据此得出吴某主观上具有非法占有银行贷款之目的的结论

从侦查机关收集的证据材料中，可以清晰地看出房地产评估事务所评估报告的形成过程：

房屋中介从业者刘某与郑某是发小，刘某向郑某提供信息：购买一套商铺，找关系高估价值，将其作为抵押物向银行贷款，可以套出高于房屋实际价值的现金。

郑某从某房地产开发有限公司赊购涉案商铺一套，在银行工作人员程某、黎某的指点、帮助下，通过房地产评估事务所作出了房屋价值296.55万元的评估报告。以此价格之六折计，郑某从银行获得了170万元贷款。

在房地产评估事务所评估报告形成的全部过程中，吴某并未参与，甚至并不知情。在房地产评估事务所评估报告形成的原因中，不包含吴某的行为，这就从根本上排除了吴某通过参与“人为高估”涉案房屋价值非法占有银行贷款的可能性。

（三）吴某虚开售房发票属实，但该行为与房地产评估事务所评估报告的形成无关

房地产评估事务所对涉案房屋价值进行评估，采用的估价方法是“市场比较法”，即在估价对象的同一供求范围内，将用途、规模、档次、建筑结构与估价对象相同或相近的房地产与估价对象加以比较对照，得出估价对象价值的方法。在房地产评估事务所的评估报告中，通篇未见发票二字。可见，涉案房屋销售发票

所载价格的高低，根本就不是评估报告的考虑因素。

在抵押贷款的场合，贷款诈骗罪的非法占有目的，是通过高估抵押物价值以套取超值贷款来实现的。而在本案中，抵押物价值的评估，没有吴某的参与。违法行为与危害结果之间存在因果关系，是追究行为人刑事责任的前提和基础。因此，我有充分的理由认为，吴某的行为不可能构成贷款诈骗罪。

（四）吴某配合郑某提供虚假的租房合同、瓷器购销合同和售房发票，其行为符合骗取贷款罪的特征

抵押物的价值决定贷款是否会被非法占有（或部分被非法占有），而租房合同、瓷器购销合同和售房发票等，则与抵押物的价值无关，这些资料的虚假，只是会让银行在作出放贷决定时发生错误的判断，让不符合条件的贷款申请通过贷款审核。从这样的角度看，吴某的行为确已构成骗取贷款罪。

二、吴某犯罪情节轻微，依法可不予起诉

（一）吴某犯罪情节轻微

根据《中华人民共和国刑法》第一百七十五条之一的规定，吴某可能被判处的法定刑是“三年以下有期徒刑或者拘役，并处或者单处罚金”，可见，吴某涉嫌的骗取贷款罪在刑罚体系中本来就属于轻罪。

根据最高人民检察院、公安部《关于公安机关管辖的刑事案件立案追诉标准的规定（二）》第二十七条之规定，骗取贷款罪的起刑点是100万元，本案涉嫌骗取贷款的数额为170万元，非

常接近起刑点。决定骗取贷款罪情节轻重的最主要因素是骗取贷款的金额，本案的骗取贷款金额非常接近起刑点，这就从犯罪的社会危害性这一本质特征上决定了吴某的犯罪情节是轻微的。

（二）吴某系从犯

我是吴某的辩护人，除非必要，不评价其他同案人行为的性质，仅就吴某行为的性质提出分析意见。但本案各同案人的行为互为关联，各自行为的性质和情节只有在比较中才能界定和明确。

银行决定向郑某发放170万元贷款，最重要的前提条件是郑某提供了评估价为296.55万元的商铺房作为抵押。在这个最重要前提条件的成就过程中，起策划、推动、促成作用的人包括郑某、刘某、程某、黎某、罗某等人，却并不包含吴某行为的原因力。吴某在郑某的要求下配合其提供虚假的租房合同、瓷器购销合同和售房发票，对骗取银行贷款所起作用无疑是次要的、辅助性的。根据《中华人民共和国刑法》第二十七条之规定，应属从犯，应当从轻、减轻或者免除处罚。

（三）吴某具有较好的悔罪表现

案发后，吴某、郑某各自委托其亲属共向银行退回贷款本息203.46万元，其中，吴某的亲属代其退回全部贷款本金170万元。2018年1月26日，银行向侦查机关具函，称："该笔不良贷款已全部结清，未给我行造成损失，故请求公安机关对郑某、吴某从轻处罚。"

这一情节，一方面证明吴某有较好的悔罪表现，另一方面也证明，犯罪的危害后果在吴某的退款行为完成后已经得到消除，被害单位已经对其行为明确表示了谅解。

《中华人民共和国刑法》第三十七条规定，“对于犯罪情节轻微不需要判处刑罚的，可以免予刑事处罚”。《中华人民共和国刑事诉讼法》第一百七十七条第二款规定：“对于犯罪情节轻微，依照刑法规定不需要判处刑罚或者免除刑罚的，人民检察院可以作出不起诉决定。”综合考察吴某案前、案中、案后的情节，辩护人认为，吴某的行为虽已构成骗取贷款罪，但实属情节轻微，依法可以免除处罚。为此，请求人民检察院在全面查清事实的基础上，依法对吴某作出不起诉的决定。

提交这篇律师意见书之后不久，我又发现、收集到有利于吴某的新证据，我把这些新证据列成以下证据清单：

1. 《房地产抵押估价报告》1份31页，证明：2018年12月14日，涉案房屋被另一房地产评估公司估价人民币400万元。

2. 金某与某房地产开发有限公司签订的《商品房买卖合同》4份共20页。

3. 金某购房发票4份共4页。

4. 金某所购房屋《房屋所有权证》4份共4页。

证据2~4共同证明：金某于2009年向某房地产开发有限公司购买一批商铺房，成交价格为每平方米12600元。该批房屋与涉案房屋处于同一地段，但商业条件差于涉案房屋。

5. 某房地产开发有限公司、郑某、刘某于2012年3月17日签订的《三方协议》1份1页，证明：郑某向某房地产开发有限公司购买涉案商铺，面积为102.97平方米，价格为144.158万元，每平方米14000元。

根据新的证据，我向主诉检察官提交了下面这份补充律师意见书：

某县人民检察院：

吴某涉嫌贷款诈骗罪一案，我作为其辩护人，已向贵院提交过一份律师意见书。现就我发现、收集的新证据，再次提出补充意见，以供贵院审查起诉时综合参考：

第一，犯罪嫌疑人郑某从某房地产开发有限公司购得涉案商铺，抵押给银行获得该行贷款170万元。抵押前后，涉案房屋曾由三个不同的中介评估机构作出价格评估，评估结果分别为296万元、89万元和125万元（均取整数）。每一次评估，评估人都在评估报告中特别说明了法定的评估依据和科学的评估方法，但结果的巨大差异，还是让人无所适从。这显然不是不同时间的价格波动所能够解释的。

这样的情况告诉我们，即使评估依据一致，评估方法相同，结果仍然会天差地别。

第二，涉案房屋于2018年9月11日通过买卖登记到查某、易某二人名下，为抵押贷款，房屋所有权人易某委托另一房地产评估公司对房屋进行价格评估。2018年12月14日，评估机构出具《房地产抵押估价报告》，涉案房屋的公开市场价值被评估为人民币 400 万元（证据附后）。以这一估价结果为参照，回看 2012 年郑某抵押贷款时的评估价 296 万元，就不会觉得有什么不正常了。

第三，购房人金某曾于 2009 年向某房地产开发有限公司购买一批商铺房，成交价为每平方米 12600 元（证据附后）。有必要特别指出的是，金某所购商铺房，处于本案所涉房屋对面楼盘的背面，在区位商业价值上明显低于本案所涉房屋。郑某于 2012 年购买涉案房屋，已经是金某购房三年之后的事了，买卖双方以 144 万元（每平方米 14000 元）之价格成交，应该说是只低不高的。

考虑到涉案房屋的评估价值可能对本案性质的认定产生决定性的影响，辩护人特致补充律师意见，意在强调：侦查机关以时间在后的较低评估价为标准，否定时间在前的较高评估价的真实性与合法性，是不严谨、不科学的。也就是说，认定涉案房屋评估价值 296 万元为虚假事实，并以此为依据认定本案犯罪嫌疑人获取银行抵押贷款 170 万元的行为构成贷款诈骗罪，是不正确的。

以上意见，请与前已提交的律师意见书一并予以审议，望得到贵院的采纳。

两次提交书面辩护意见，多次约见主诉检察官并口头陈述辩护意见所依据的事实和法律，不懈的努力终于有了令人欣慰的回报。2019 年 1 月 30 日，某县人民检察院作出不起诉决定书，在概述了本案案情之后，不起诉决定书写道：“本院认为，被不起诉人（吴某）实施了《中华人民共和国刑法》第一百七十五条之一的规定（的行为），但犯罪情节轻微，具有从轻处罚情节，根据《中华人民共和国刑法》第三十七条的规定，不需要判处刑罚。依据《中华人民共和国刑事诉讼法》第一百七十七条第二款的规定，决定对被不起诉人不起诉。”

关于骗取贷款罪，《中华人民共和国刑法》第一百七十五条之一规定：“以欺骗手段取得银行或者其他金融机构贷款、票据承兑、信用证、保函等，给银行或者其他金融机构造成重大损失的，处三年以下有期徒刑或者拘役，并处或者单处罚金；给银行或者其他金融机构造成特别重大损失或者有其他特别严重情节的，处三年以上七年以下有期徒刑，并处罚金。单位犯前款罪的，对单位判处罚金，并对其直接负责的主管人员和其他直接责任人员，依照前款的规定处罚。”

关于贷款诈骗罪，《中华人民共和国刑法》第一百九十三条规定：“有下列情形之一，以非法占有为目的，诈骗银行或者其他金融机构的贷款，数额较大的，处五年以下有期徒刑或者拘役，并处二万元以上二十万元以下罚金；数额巨大或者有其他严重情节的，处五年以上十年以下有期徒刑，并处五万元以上五十万元以下罚金；数额特别巨大或者有其他特别严重情节的，处十年以上有期徒刑或者无期徒刑，并处五万元以上五十万元以下罚金或者没收财产：（一）编造引进资金、项目等虚假理由的；（二）使用虚假的经济合同的；（三）使用虚假的证明文件的；（四）使用虚假的产权证明作担保或者超出抵押物价值重复担保的；（五）以其他方法诈骗贷款的。”

22

是否立功之辩

——徐某一被控故意伤害（致人死亡）罪案

【基本案情】

徐某一承接一项建筑工程，货车司机张某受雇为水泥供应商送货至建筑工地。2003 年 6 月 29 日下午，张某将一车水泥运往工地，快抵达目的地时汽车被路旁一堆沙石挡住去路，徐某一要求张某将水泥搬进工地，因是否增加运费发生争执，工地帮工倪某与徐某一一起打了张某。张某被打后便打电话叫来刘某等四人，双方在评理时又发生冲突，倪某与同伴徐某二将刘某打倒在地，见张某拿了一把榔头过来，便转身追打张某，倪某用木棍朝张某右脑打了一棍致其倒地。张某当即被送往医院，经抢救无效于同年 7 月 10 日死亡。经法医鉴定，张某系头部接触钝物导致重度颅脑损伤而死亡。

【案件经过】

案发后，倪某、徐某二、徐某一潜逃，下落不明。

2003年7月下旬的一天，一位自称是犯罪嫌疑人徐某一亲属的人来到我的办公室，提出了一个特殊的请求：帮助劝说徐某一投案自首。

我接受了徐某一亲属的委托，她告诉我，三名犯罪嫌疑人都藏匿在沿海某镇。2003年7月26日傍晚，我乘徐某一亲属安排的汽车，连夜赶往目的地。抵达后，我立即会见了徐某一，经耐心细致地讲解法律的规定，徐某一答应随我回来投案自首，同时，我通过徐某一做通同案人倪某、徐某二的工作，二人也同意一同归案。

我把谈话过程制作成《询问笔录》，载明三人主动投案的主观意愿，特别记明徐某一规劝倪某、徐某二一同投案的事实。我认为，徐某一规劝倪某、徐某二投案自首的情节，符合法律关于立功的规定，在对本案进行处理时，应当既考虑徐某一的自首情节，又考虑其立功情节，使其能更大幅度地减轻处罚。

完成谈话工作，为防止情况生变，我决定连夜启程，与三名犯罪嫌疑人同车返回。7月28日上午，我陪同三名犯罪嫌疑人走进公安机关，并把我制作的三份《询问笔录》一并交给办案人员，再三叮嘱一定要把这些材料收入案卷。走出派出所大门，我长舒一口气，心里的石头终于落地了。

案件经某公安分局侦查终结后，移送某区人民检察院审查起诉，因本案属被告人可能被判处无期徒刑以上刑罚的重大案件，由某区人民检察院依法报送某市人民检察院审查起诉。经审查，该院于 2003 年 12 月 10 日向某市中级人民法院提起公诉。

起诉书认定："被告人倪某因他人为琐事与被害人张某发生争执，而动手打了张某，冲突中，又和他人一起持木棍追打张某等人，倪某手持木棍朝张某的头部右脑打了一棍，直接导致被害人张某脑内血管破裂出血而死亡的严重后果。其行为已触犯了《中华人民共和国刑法》第二百三十四条之规定，犯罪事实清楚，证据确实充分，应当以故意伤害罪追究其刑事责任。且具有《中华人民共和国刑法》第二十五条、第二十六条规定的情节，属本案主犯。被告人徐某二因他人为琐事与被害人张某发生争执，在被害人张某被打之后，冲突中，同他人一起持木棍追打张某等人，共同造成被害人张某死亡的严重后果，其行为已触犯了《中华人民共和国刑法》第二百三十四条之规定，犯罪事实清楚，证据确实充分，应当以故意伤害罪追究其刑事责任。且具有《中华人民共和国刑法》第二十五条、第二十七条规定的情节，属本案从犯。被告人徐某一因琐事与被害人张某发生争执，而动手打了张某，冲突中，又和他人一起持木棍追打张某等人，共同造成被害人张某死亡的严重后果。其行为已触犯了《中华人民共和国刑法》第二百三十四条之规定，犯罪事实清楚，证据确实充分，应当以故意伤害罪追究其刑事责任。且具有《中华人民共和国刑法》第二十五条、第二十七条规定的情节，属本案从犯。但在案发后，被告人徐某一能主动规劝被告人倪某、徐某二一道到公安机关投案自首，上述三被告的行为具有《中华人民共和国刑法》第六十七条规定之情节。”

徐某一到案后，委托我担任其辩护人。

本案因民事纠纷引起，徐某一系从犯，具有自首情节并规劝同案人一道自首，已得到公诉机关的认定，人民法院在定罪量刑时应当会依法予以采纳。这些已被公诉机关认定的从轻、减轻处罚的情节，辩护人只要适当加以强调即可，无须在辩护意见中多着笔墨。但其中的“规劝同案人自首”仅作为事实情节写入起诉书，并未被公诉机关认定为立功情节，我觉得这是远远不够的。我认为，将规劝同案人自首的行为认定为立功，完全符合法律鼓励立功的立法精神，被规劝自首的同案人，因其犯罪情节的严重程度依法可能被判处无期徒刑以上刑罚，故徐某一规劝其自首的行为应当被认定为重大立功。因此，我的辩护重点，就是为徐某一争取立功情节的认定，以达到最大程度减轻处罚的目的。

根据案情事实，依照刑法规定，我在法庭上发表了以下辩护意见：

审判长、审判员：

我依法担任被告人徐某一的辩护人，出庭为其被控故意伤害一案提供辩护。

我认为：一方面，徐某一的行为已构成故意伤害罪，依法应予处罚；另一方面，徐某一又具有若干法定和酌定从轻、减轻或免除处罚的情节，依法应予减轻处罚。现根据《中华人民共和国刑事诉讼法》第三十五条的规定，为徐某一提出罪轻辩护意见如下，供合议庭参考：

第一，本案系由民事纠纷引起，具有相当的偶然性，与故意伤害中的蓄谋犯罪案件相比，被告人主观恶性较小，人身危险性较小，因而较为容易矫正改造，适用较轻刑罚就可以达到刑法的特殊预防的目的。

第二，本案的后果是被害人张某因伤致死，但被告人徐某一并不是这一严重后果的直接造成者，他在本案中所起的作用是次要的，属从犯。这一点，已经得到公诉机关的认定。根据《中华人民共和国刑法》第二十七条的规定，应当对徐某一从轻、减轻或者免除处罚。

第三，徐某一犯罪后不仅自己能主动投案自首，而且还规劝并带领同案被告人倪某、徐某二一同到公安机关自首，这一情节也已被公诉机关认定。

徐某一自己投案自首，根据《中华人民共和国刑法》第六十七条第一款的规定，可以从轻或者减轻处罚，这是没有疑问的。那么，对徐某一规劝并带领同案被告人倪某、徐某二自首的行为在法律上应当如何评价呢？我认为，这一行为的性质应当认定为立功。

《最高人民法院关于处理自首和立功具体应用法律若干问题的解释》第五条规定：犯罪分子协助司法机关抓捕其他犯罪嫌疑人（包括同案犯）的，应当认定为有立功表现。犯罪分子协助司法机关抓捕同案犯与规劝并带领同案犯投案自首，结果一样而过程不同，过程的不同主要表现为两点：其一，从主观上看，思想觉悟有早晚。与协助司法机关抓捕同案犯相比，规劝并带领同案犯投案自首的行为人在思想上觉悟更早，这说明行为人主观上认罪、悔罪的态度更坚定、更积极。其二，从客观上看，司法成本有高低。规劝并带领同案犯投案自首大大降低了公安机关破案的人力、物力、财力的成本，大大缩短了公安机关的破案时间，这种行为相对更加有利于社会。毫无疑问，将徐某一规劝并带领同案犯自首的行为认定为立功，完全符合国家鼓励犯罪分子立功的立法精神。

同时，被徐某一规劝并带领投案自首的同案犯可能被判处无期徒刑，根据《中华人民共和国刑法》第六十八条及《最高人民法院关于处理自首和立功具体应用法律若干问题的解释》第七条的规定，徐某一的行为可以认定为重大立功表现，应当对其减轻或者免除处罚。

第四，徐某一的亲属根据徐某一的意愿代为对被害人亲属的经济损失和精神损害进行赔偿，取得了被害人亲属的谅解，这从相当程度上减轻了被告人犯罪行为的后果，依法也应当作为酌情对徐某一从轻量刑的情节。

根据徐某一上述罪前、罪中及罪后的主、客观方面的情节，辩护人建议合议庭依法减轻对徐某一的处罚，并依照《中华人民共和国刑法》第七十二条第一款的规定对徐某一宣告缓刑。

2004 年 1 月 5 日，某市中级人民法院对本案作出判决。某市中级人民法院认为：被告人徐某一因琐事与被害人张某发生争执而动手打了张某，冲突中又伙同他人持木棍追打张某，共同造成被害人死亡的严重后果，系本案从犯。公诉机关指控的罪名成立。但该被告人案发后能主动规劝同案人与其一道投案自首，其亲属代为赔偿了被害人家属的经济损失，已取得其家属的谅解，依法可视被告人徐某一具有悔罪表现，可予减轻处罚，其辩护人提出的辩护意见有理部分可予采纳，但辩护人提出被告人徐某一规劝同案人一道投案自首属重大立功的辩护意见于法无据，本庭不予采纳。

某市中级人民法院根据其查明认定的事实、情节，对本案被告人作出如下处罚：

一、被告人倪某犯故意伤害罪，判处有期徒刑十五年；

二、被告人徐某二犯故意伤害罪，判处有期徒刑十一年；

三、被告人徐某一犯故意伤害罪，判处有期徒刑三年，缓刑四年。

虽然我提出的对徐某一减轻处罚并适用缓刑的辩护意见得到法院采纳，判决宣告后徐某一得以走出看守所重获自由，但法院以“于法无据”为由，没有采纳我提出的关于“徐某一规劝同案人投案的行为应认定为立功”的辩护意见。

【办案心得】

判决下达后，在法定期限内没有上诉也没有抗诉，一审判决书发生法律效力。但我认为，以规劝同案人投案自首为立功是否符合刑法鼓励立功的立法精神和立法本意，值得探讨。为此，我撰写并在江西省律师协会主办的《江西律师》（2004 年第 4 期）上发表了《规劝并带领同案犯自首应认定为立功》一文。

附：

规劝并带领同案犯自首应认定为立功

——从一件故意伤害案说起

2003年6月29日下午，司机张某运送一车水泥至某工地，因卸货一事与徐某一、倪某发生争执，徐某一、倪某动手打了张某。张某随后打电话叫来刘某等数人与徐某一等人评理，并与徐某一等发生冲突，徐某一、徐某二、倪某便手持木棍追打张某、刘某，倪某追上张某并朝其头部打了一棍，张某因伤重经抢救无效于2003年7月10日死亡。案发后，徐某一、徐某二、倪某均出逃藏匿于外省某地。其间，徐某一心生悔意决定投案自首，并积极规劝徐某二、倪某投案，徐某二、倪某表示愿意同往。2003年7月28日，徐某一驾车带领徐某二、倪某一同到公安机关自首。

对于徐某一规劝并带领徐某二、倪某自首的行为是否应认定为立功，有两种相反的观点。第一种观点认为：徐某一的行为不能认定为立功。理由是：徐某一的行为在《刑法》及司法解释规定的立功情形中未见列明。第二种观点认为：徐某一的行为应当认定为立功。理由是：司法解释规定犯罪分子“协助司法机关抓捕其他犯罪嫌疑人（包括同案犯）”的行为属于立功，徐某一的行为比这种情形更有利于社会，认定为立功符合立法精神。

笔者持第二种观点。

分析：《最高人民法院关于处理自首和立功具体应用法律若干问题的解释》（以下简称《解释》）第五条规定：犯罪分子协助司法机关抓捕其他犯罪嫌疑人（包括同案犯）的应当认定为有立功表现。这种情形与规劝并带领同案犯投案自首相比较，结果一样只是过程不同。过程的不同主要表现为两点：其一，从主观上看，思想觉悟有早晚。与协助司法机关抓捕同案犯相比，规劝并带领同案犯投案自首的行为人在思想上觉悟更早，这说明行为人主观上认罪、悔罪的态度更坚定、更积极。其二，从客观上看，司法成本有高低。规劝并带领同案犯投案自首，大大降低了公安机关破案人力、物力、财力的成本，大大缩短了公安机关的破案时间，这种行为相对更加有利于社会。

法律和司法解释具体列明了几种属于立功的情形，这几种情形当然都是有利于国家和社会的，但类似情形在法律和司法解释中难以穷尽列举，因此，最高人民法院在《解释》第五条中作出概括的规定："具有其他有利于国家和社会的突出表现的，应当认定为有立功表现。"笔者认为，将徐某一规劝并带领同案犯投案自首的行为认定为立功，不仅完全符合国家鼓励犯罪分子立功的立法精神，而且也是有司法解释的具体规定作为依据的。

2004 年 4 月，本案所在地的高级人民法院发布《全省中级法院刑庭庭长座谈会会议纪要》，明确："被告人劝说其他同案犯自首，其他同案犯接受其劝说而投案自首，查证属实的，可视为立功。"

23

张冠不能李戴

——某局第一职工医院被控合同诈骗罪案

【基本案情】

某省煤炭集团公司以及所属各单位全部职工从 2011 年 10 月起，参加省级工伤保险统筹，2012 年 1 月正式向省社会保险管理中心报销工伤医疗待遇。

某局工伤保险归省级统筹后，因省社保中心尚未确定工伤保险定点医疗机构，全省均将城镇职工基本医疗保险定点医疗机构作为工伤保险定点医疗机构，因某局第一职工医院属医疗保险定点机构，故参照省社保中心与城镇职工基本医疗保险定点医疗机构服务协议执行。

2012 年 10 月，省煤炭集团人力资源部组织召开所属单位工伤医疗待遇报销会议，会议内容为告知 2012 年省社保中心给某局还有二三千万元的工伤医疗待遇报销额度，要求各单位积极落实政策，做好该项工作。之后，某局即组织召开落实工伤医疗待遇报销的专门会议，某局第一职工医院正副院长徐某、李某参加了会议。会上，某局社会保险管理办事处负责人给某局第一职工医院分配一千多万元的工伤医疗待遇报销额度，院长徐某表示完成任务困难大。

会后，某局第一职工医院组织人员伪造报销所需材料，报送至某局社会保险管理办事处，该办事处负责人和工作人员明知报送的材料虚假，仍帮助将报送材料上报至省社保中心系统。自2012年10月至2013年3月，共骗取国家工伤医疗保险基金4360620.04元。

因群众举报，案发。

【案件经过】

本案经某区人民检察院反渎职侵权局侦查终结，移送该院公诉部门审查起诉。经审查，该院认为，某局第一职工医院以非法占有为目的，在履行服务协议的过程中，采取伪造医疗材料的方式骗取国家工伤医疗保险基金，数额特别巨大；徐某、李某身为工伤定点医疗机构主管人员，滥用职权，组织、安排伪造工伤病人住院材料，其行为分别触犯了《中华人民共和国刑法》第二百二十四条、第二百三十一条、第三百九十七条第一款、第二十五条、第六十九条，犯罪事实清楚，证据确实充分，应当以合同诈骗罪追究被告单位某局第一职工医院刑事责任，以合同诈骗罪、滥用职权罪追究徐某、李某刑事责任。

2013年10月8日，某区人民检察院向某区人民法院提起公诉。

某局第一职工医院委托我担任辩护人。

接受任何一个刑事案件的辩护，首先我都要假定我的当事人是无罪的，而无罪辩护的途径，不外乎事实证据辩和行为性质辩。

这个案件，我能证明某局第一职工医院是无罪的吗？

通过全面了解案情，我发现，某局第一职工医院组织本院职工弄虚作假骗取国家工伤医疗保险基金4360620.04元，确如起诉书所说是“事实清楚，证据确实充分”。因此，从事实证据上着手，试图以“事实不清，证据不足”之理由推翻公诉机关的有罪指控，显然是不现实的。

那么，行为性质呢？某局第一职工医院骗取国家工伤医疗保险基金的行为，能满足合同诈骗罪犯罪构成的要求吗？

工伤职工在某局第一职工医院就医，工伤医疗待遇由该医院按照与省社保中心之间的服务协议向省社保中心报销，协议是合同的别名，服务协议就是服务合同，某局第一职工医院在履行其与省社保中心之间所订服务合同的过程中，弄虚作假骗取社保基金，字面上完全符合起诉书援用《中华人民共和国刑法》第二百二十四条第一款所规定的罪状，即“以非法占有为目的，在签订、履行合同过程中，骗取对方当事人财物”。

从字面上看，被告某局第一职工医院似乎“确实”构成合同诈骗罪。

我逐字逐句反复阅读服务协议的所有条款，在收录于侦查案卷第七卷第83页的书证《某市城镇职工基本医疗保险定点医疗机构服务协议》第四十六条中，发现了线索。

某局第一职工医院与省社保中心未订立工伤保险定点医疗机构服务协议，参照某市城镇职工基本医疗保险定点医疗机构服务协议确定双方权利义务。参照执行的《某市城镇职工基本医疗保险定点医疗机构服务协议》第四十六条约定：“本协议执行过程中如发生争议，乙方（医疗机构方）可按照《中华人民共和国行政复议法》和《行政诉讼法》的有关规定，向同级劳动保障行政部门申请行政复议，或向人民法院提起行政诉讼。”

对照国务院发布的《工伤保险条例》，关于医疗机构维权方式，该条例第五十五条规定的也是“申请行政复议或者提起行政诉讼”。

权利救济的方式反映权利的性质，不同的权利救济方式保护不同性质的权利——刑事诉讼法保护刑事案件被害人和犯罪嫌疑人、被告人的权利；民事诉讼法、仲裁法保护民事行为当事人的权利；行政复议法、行政诉讼法保护行政管理相对人的权利。

作为工伤保险定点医疗机构的某局第一职工医院，如果在履行服务协议过程中与省社保中心发生争议，按照《工伤保险条例》的规定和服务协议的约定，都只能通过行政复议或行政诉讼来维护自己的权利。这说明，服务协议的性质，就是行政合同，或者是具有服务内容的行政管理合同。

公诉机关认定某局第一职工医院骗取社保基金的行为触犯《中华人民共和国刑法》第二百二十四条之规定，构成合同诈骗罪。这里所说的合同，是什么性质的合同呢？

《中华人民共和国刑法》第二百二十四条规定的合同诈骗罪，列于刑法分则第三章第八节当中，第三章规定的是“破坏社会主义市场经济秩序罪”，其中第八节规定的是“扰乱市场秩序罪”，这说明，合同诈骗罪中所说的合同，是经济合同或者是民事合同。

某局第一职工医院与省社保中心之间的关系是行政合同关系，二者之间没有经济合同关系，因此，其在履行行政合同过程中骗取社保基金的行为，不可能构成合同诈骗罪。

虽然都是合同，但行政合同不是经济合同，性质不可混同。就像帽子，什么人戴什么帽，做什么事戴什么帽，张冠不能李戴，在某局第一职工医院的头上，绝对不能顶着合同诈骗罪这顶帽子。

2013 年 12 月 6 日，某区人民法院公开开庭审理某局第一职工医院被控合同诈骗罪一案。我以下面这篇辩护词为该医院作无罪辩护：

审判长、审判员：

某局第一职工医院因被控合同诈骗罪一案，委托我担任辩护人。为维护该医院的合法权益，现根据事实和法律，提出以下辩护意见，请合议庭参考：

根据刑法“罪刑法定”的基本原则，判断某行为是否构成某罪，只能以刑法分则关于某罪罪状的定义性描述和刑法理论关于某罪的具体犯罪构成为标准，对照比较，合则是，不合则否。《中华人民共和国刑法》第二百二十四条第一款对合同诈骗罪的罪状作出规定，指出“以非法占有为目的，在签订、履行合同过程中，骗取对方当事人财物，数额较大”的行为构成合同诈骗罪。结合刑法的相关规定和犯罪构成理论，可以明确合同诈骗罪的构成要件是：（1）本罪的客体是复杂客体，即国家对经济合同的管理秩序和公私财产所有权；（2）本罪的客观方面，表现为在签订、履行经济合同过程中，以虚构事实或者隐瞒真相的方法，骗取对方当事人财物，数额较大的行为；（3）本罪的主体为一般主体的个人或单位；（4）本罪的主观方面，表现为直接故意，并且具有非法占有对方当事人财物的目的。经对照比较，我们能够看到，某局第一职工医院的涉案行为与合同诈骗罪的法定罪状及犯罪构成要件不符合，因此我认为，某局第一职工医院骗取工伤医疗保险基金的行为不能构成合同诈骗罪。具体理由是：

一、客体不符

《中华人民共和国刑法》分则以犯罪的同类客体为标准对具体犯罪进行分类排列，依次分为危害国家安全罪等十类。合同诈骗罪归属于分则第三章第八节，分则第三章为破坏社会主义市场经济秩序罪，该章第八节为扰乱市场秩序罪。章、节同类罪名中均有“市场”一词，毫无疑问，这是立法者在提示我们，市场环境、市场条件下的经济秩序，就是章、节之下全部具体犯罪包括合同诈骗罪侵犯的客体。

市场经济最基本的原则是自愿原则，即当事人意思自治原则。在市场经济条件下，当事人是否订立合同，与谁订立合同，如何订立合同，概须遵循自愿原则，平等协商，互惠互利。合同诈骗罪在扰乱市场秩序罪之中，因此，合同诈骗罪中的“合同”，必定是指根据自愿原则签订的民事合同（或称经济合同）。《中华人民共和国合同法》第二条第一款对这样的合同作出定义：“本法所称合同是平等主体的自然人、法人、其他组织之间订立、变更、终止民事权利义务关系的协议。”由此可见，主体的平等性、意志的自愿性、内容的自由性是民事合同的显著特征。民事合同当事人因订立、履行合同发生争议，可循协商、调解、仲裁、民事诉讼之救济途径加以解决。

本案所涉合同与民事合同的特征明显不同。必须订，必须与特定对象订，必须按固定内容订，是本案所涉合同的显著特征。根据《中华人民共和国社会保险法》第八十三条第二款、《工伤保险条例》第五十五条第四项之规定，作为合同当事人一方的定点医疗机构，如认为合同另一方当事人即社会保险经办机构违反服务协议侵犯其合法权益，只能循行政复议、行政诉讼之救济途径维护其权益。这就再清楚不过地告诉我们，定点医疗机构与社会保险经办机构之间订立的服务合同，不是平等主体之间的民事合同，而是具有社会管理强制性质的行政合同。这也正是法律部门学将社会保险法归类为社会法而不是民商法的理由所在。

某局第一职工医院的虚报冒领行为，侵犯的客体是国家对社会保险的行政管理制度；而合同诈骗罪侵犯的客体是国家对民事合同（经济合同）的管理秩序。客体性质是行为性质最主要的依据，客体不同，行为性质不同。立足于此，我对某局第一职工医院的行为不被认定为合同诈骗罪充满信心。

当然，某局第一职工医院的涉案行为毕竟是违法行为，因而理应受到相应的行政处罚。《中华人民共和国社会保险法》第八十七条规定，“社会保险经办机构以及医疗机构、药品经营单位等社会保险服务机构以欺诈、伪造证明材料或者其他手段骗取社会保险基金支出的，由社会保险行政部门责令退回骗取的社会保险金，处骗取金额二倍以上五倍以下的罚款”。这一关于行政处罚的规定，一方面在法律上表明了对骗取社保基金行为不予容忍的国家态度，另一方面也在法律上进一步明确了涉案合同的行政合同性质。

二、重复评价

某局第一职工医院涉嫌合同诈骗罪，该院院长徐某、副院长李某作为单位负责人和直接责任人员当然同涉此罪。此外，徐某、李某二人又涉嫌滥用职权罪。

《最高人民检察院关于人民检察院直接受理立案侦查案件立案标准的规定（试行）》对滥用职权罪所下定义是：“滥用职权罪是指国家机关工作人员超越职权，违法决定、处理其无权决定、处理的事项，或者违反规定处理公务，致使公共财产、国家和人民利益遭受重大损失的行为。”由此可见，致使公共财产、国家和人民利益遭受重大损失，是滥用职权罪客观方面的构成要件。如果这一要件缺失，滥用职权罪也就不能成立。

假如滥用职权罪能够成立，因公共财产（工伤医疗保险基金4360620.04元）被骗取而使国家利益遭受重大损失，就已成为认定滥用职权罪成立的评价标准；在合同诈骗一案中，同一损失又成为合同诈骗罪成立的客观方面要件。同一行为，同一结果，两次评价，两个罪名，这无论是在法律规定上还是在学术理论中，都无法找到合理的依据。

综上所述，辩护人认为，某局第一职工医院的行为不能构成合同诈骗罪；并且，在刑法分则中也没有合适的罪名与其行为性质相吻合，根据“罪刑法定”的刑法原则，该医院不应受到刑事追究。

以上意见，请予审议。

2014年1月7日，某区人民法院作出刑事判决书。

某区人民法院认为：本案各被告人和被告单位均不构成合同诈骗罪。理由如下：

《中华人民共和国刑法》分则第三章（破坏社会主义市场经济秩序罪）第八节（扰乱市场秩序罪）中关于合同诈骗的规定，其立法本意是维护市场经济秩序，保护合同签订人的合法财产。本罪中的“合同”，是平等主体的当事人之间设立、变更、终止民事权利义务关系的协议，属于民商事合同。

本案中，公诉机关指控各被告构成合同诈骗罪中所指的“合同”，是指参照（由于我省还没有确定省级工伤保险定点医疗机构，因此各地均把医疗保险定点医疗机构的名单确定为工伤保险定点医疗机构，工伤保险定点服务协议参照医疗保险定点服务协议执行）社保经办机构与医疗机构签订的《定点医疗机构服务协议》，即本案被告单位某局第一职工医院与某市社会保险事业管理局签订的《定点医疗机构服务协议》。

《中华人民共和国社会保险法》第三十一条规定：“社会保险经办机构根据管理服务的需要，可以与医疗机构、药品经营单位签订服务协议，规范医疗服务行为。医疗机构应当为参保人员提供合理、必要的医疗服务。”说明签订服务协议不但是为了明确各自的责任、权利和义务，还是为了明确社会保险经办机构对定点医疗机构实现定点管理，即对参保人就医进行管理，对定点医疗机构进行管理以及对定点医疗机构提供的定点服务进行监督。

《工伤保险条例》第六章“监督管理”第五十五条第一款第四项就签订协议的双方产生争议也作出了规定，签订服务协议的医疗机构认为经办机构未履行有关协议或规定的，有关单位或个人可以依法申请行政复议，也可以依法向人民法院提起行政诉讼；第七章第六十条规定，医疗机构骗取工伤保险基金支出的，由社会保险行政部门责令退还，处骗取金额 2 倍以上 5 倍以下罚款；同时，被告单位与某市社会保险事业管理局签订的协议中有关于“争议处理”的内容，即“本协议执行过程中如发生争议，乙方（医疗机构）可按照《中华人民共和国行政复议法》和《中华人民共和国行政诉讼法》的有关规定，向同级劳动保障行政部门申请行政复议或向人民法院提起行政诉讼”。

综上，本院认为，被告单位与某市社会保险事业管理局签订的协议是行政合同，而不是民商事合同。公诉机关据此协议认定各被告人和被告单位在履行协议过程中，实施伪造工伤人员住院材料骗取工伤医疗保险基金的行为，均构成合同诈骗罪的指控，依法不能成立。

某区人民法院根据以上理由，依法作出判决：

一、被告人徐某犯滥用职权罪，判处有期徒刑一年，缓刑一年；

二、被告人李某犯滥用职权罪，判处拘役六个月，缓刑六个月；

三、被告单位某局第一职工医院无罪。

我的辩护意见被某区人民法院全盘采纳。宣判后，在法定期限内既无上诉亦无抗诉，一审判决发生法律效力。

图书在版编目（CIP）数据

辩坛回声：刑事案件成功辩护实录 / 江清汉编著
.—北京：中国法制出版社，2024.2
ISBN 978-7-5216-4228-5

Ⅰ.①辩… Ⅱ.①江… Ⅲ.①刑事诉讼-辩护-案例
-中国 Ⅳ.①D925.210.5

中国国家版本馆 CIP 数据核字（2024）第 038251 号

责任编辑：韩璐玮（hanluwei666@163.com）　　封面设计：杨泽江

辩坛回声：刑事案件成功辩护实录
BIANTAN HUISHENG：XINGSHI ANJIAN CHENGGONG BIANHU SHILU

编著/江清汉
经销/新华书店
印刷/三河市紫恒印装有限公司
开本/710 毫米×1000 毫米　16 开　　印张/14.75　字数/123 千
版次/2024 年 2 月第 1 版　　2024 年 2 月第 1 次印刷

中国法制出版社出版
书号 ISBN 978-7-5216-4228-5　　定价：68.00 元

北京市西城区西便门西里甲 16 号西便门办公区
邮政编码：100053　　传真：010-63141600
网址：http：//www.zgfzs.com　　**编辑部电话：010-63141791**
市场营销部电话：010-63141612　　**印务部电话：010-63141606**

（如有印装质量问题，请与本社印务部联系。）